KB084434

다중지능을 활용한
개별화수업

Handbook of **Differentiated Instruction Using the Multiple Intelligences:** Lesson Plans & More

Bruce Campbell 지음 | 황윤한 · 조영임 옮김

PEARSON   아카데미프레스

Handbook of Differentiated Instruction Using the Multiple Intelligences:
Lesson Plans and More

Authorized Translation from the English language edition, entitled HANDBOOK OF
DIFFERENTIATED INSTRUCTION USING THE MULTIPLE INTELLIGENCES: LESSON PLANS AND
MORE, 1st Edition by CAMPBELL, BRUCE, published by Pearson Education, Inc, publishing as
Allyn & Bacon, Copyright © 2008

KOREAN language edition published by PEARSON EDUCATION KOREA LTD and ACADEMY
PRESS, Copyright © 2012

Allyn & Bacon
is an imprint of

www.pearsonhighered.com

역자 서문

개별화수업(Differentiated Instruction; DI)을 소개한 지도 벌써 7년이 지났다. 2003년에 DI 개별화수업(이하 개별화수업은 DI 개별화수업을 의미함) 분야의 대가인 버지니아대학교 Carol Ann Tomlinson 교수의 책인『수준차가 다양한 교실에서의 효율적인 개별화수업(How to Differentiate Instruction in Mixed- Ability Classrooms)』(황윤한·조영임, 2003)(이 책은 수정·보완되어 2009년에 다시 출판되었음)을 번역하여 소개하였다. 예상외로 현장 반응이 좋았으나 두 가지 요구가 들어 왔다. 주지해야 할 점은 상당수의 번역 책이 그렇듯이 원저자 국가의 교육문화를 알지 못하면 이해하기 어렵다는 점이었다. 우리가 번역했던 책이 우리 교육문화와는 조금 거리가 있는 미국 교실현장 중심으로 쓰인 것이어서 독자들에게는 생소하게 보이거나, 이해하기 어려운 부분이 있었다. 이와 관련한 독자들의 요구는 개별화수업에 대해 좀 더 쉽게 써 주었으면 하는 것이었다. 또 다른 요구는 현장 개별화수업에 관한 연구를 할 수 있도록 개별화수업과 관련된 이론을 소개해 달라는 요청이었다. 이론적 토대 위에서 연구를 하여야 보다 좋은 성과를 거둘 수 있다는 것이었다. 이 두 요구를 반영하여 우리가 쓴 책이 『학생들의 다양한 특성을 반영한 개별화수업: 이해와 적용』(황윤한·조영임, 2005)이었다. 이 책 역시 수정·보완을 거쳐 2009년 제2쇄 출판을 하였다. 현장에서 개별화수업에 관심을 가진 교육자들이 그만큼 늘어난 셈이다.

개별화수업을 위한 가장 용이한 전략 중의 하나가 다중지능이론을 접목한 수업이라고 생각하고 있는 차에, 마침『다중지능이론을 접목한 개별화수업(Differentiated Instruction through Multiple Instruction)』(Campbell, 2008)이라는 책을 접하였다. 너무나 반가웠고, 개별화수업을 하고 있는 현장 교사들에게 소개시키고 싶었다. 우리는 그룹스터디를 통해 책의 내용을 보다 친숙하게 소개하는 방안을 모색하였다. 최선을 다하였지만, 아쉬움은 여전히 남는다. 그 아쉬움은 독자 여러분이 교실현장에 적용하면서 채워주었으면 한다. 우리의 노력이 여러분 교실에서 새로운 모습으로 재창출되기를 기원한다. 이 책도 개별화수업과 관련된 다른 책들과 더불어 교사들의 책상 위에서 항상 애용되기를 기원한다.

끝으로, 우리가 번역한 글을 읽고 또 읽으면서 독자들의 이해를 높이기 위해 노력해주신 고효석 선생님을 비롯한 여러 선생님들과 끝까지 정서를 해준 홍유정 학생에게 감사를 드린다.

2011년 가을이 익어가는 빛고을 광주에서
황윤한 · 조영임

Dear Reader,

It is a pleasure to offer this new book to Korean teachers. Although I live in United States, my son and his wife Euna live in Jinju. They are teachers like you and me and they have helped me understand how important this book is to you. South Korea has an exemplary educational system and yet not every student excels. There is a way, however, in which every student can be a successful learner and thrive academically; it involves using Multiple Intelligences to differentiate instruction.

The idea of Multiple Intelligences first came from Harvard psychologist, Howard Gardner. He said that people think and understand in many different ways, not just through rote learning and memorization. He said that we also process knowledge with our bodies, with visual images, with music, through nature, through personal reflection, and through social interaction. Over

독자들에게,

한국의 교사들에게 이 새로운 책을 소개할 수 있게 됨을 기쁘게 생각합니다. 저는 미국에 살고 있지만, 제 아들과 며느리가 진주에 살고 있습니다. 이들도 여러분과 저처럼 교사들이며, 이 책이 여러분들에게 얼마나 소중한 책인지를 이해하는데 도움을 주었습니다. 한국은 모범적인 교육 시스템을 갖추고 있습니다만, 모든 학생들이 공부를 다 잘 하는 것은 아닙니다. 그런데 모든 학생들이 성공적인 학습자가 되고 공부를 잘 할 수 있는 방법은 있습니다. 그것은 개별화수업에 다중지능을 활용하는 것입니다.

다중지능에 대한 아이디어는 하버드대학의 심리학자 하워드 가드너에 의해 처음 소개되었습니다. 가드너는 사람들이 반복학습이나 단순 암기에 의존하지 않고 매우 다양한 방법으로 생각하고 이해한다고 했습니다. 우리는 신체, 시각적인 이미지, 음악, 자연, 개인적 반성, 사회적 교류 등을 통해 지식을 형성해간다고 하였습니다. 지

the past 30 years, I have devised ways to incorporate Multiple Intelligences into my classroom instruction at all grade levels. It has been so successful that teachers all over America and all around the world have followed these ideas.

Differentiated Instruction simply means finding different ways to help students learn. Multiple Intelligences is the best framework available for differentiation. ,Using MI, this book has dozens of differentiated ideas and strategies that you can use in your classroom at any grade level. It contains lessons in reading, math, science and social studies. It shows you how to reach your students in surprisingly effective ways. You can read this book from the beginning or you can just jump around from chapter to chapter, finding the techniques that work best for you.

If you have questions, you can contact me at bcl-22@yahoo.com. I wish you the very best of luck learning to differentiate instruction with the Multiple Intelligences and helping your students to internalize and understand their learning in new and exciting ways.

Respectfully Yours,

난 30여 년 동안 저는 제가 가르치는 모든 학년을 대상으로 하는 교실 수업에 다중지능을 적용하는 방안을 모색해왔습니다. 미국의 전 지역에서뿐만 아니라 세계 여러 나라에서 교사들이 이러한 아이디어를 적용하여 성공적인 수업을 하였습니다.

개별화수업은 쉽게 말해서 학생들의 학습을 돕기 위해 적절한 방법을 찾는 것을 의미합니다. 다중지능이 개별화수업을 위한 여러 방법 중에서 가장 적절한 수업의 틀이라는 것입니다. 이 책은 다중지능을 활용하여 여러분의 모든 학년, 모든 교실에서 활용할 수 있는 개별화수업 아이디어나 전략들이 들어 있습니다. 국어, 수학, 사회, 과학 교과의 수업지도안들이 들어 있습니다. 매우 놀랄만한 효율적인 방법으로 학생들을 가르칠 수 있는 방법들을 보여줄 것입니다. 이 책은 처음부터 읽으셔도 되고, 여러분에게 가장 잘 맞는 수업전략들을 찾아 이 장 저 장 뛰어 넘겨 읽으셔도 됩니다.

만약 질문이 생기시면 제 이메일 (bcl-22@yahoo.com)을 통해 질문하실 수 있습니다. 여러분이 다중지능을 활용한 개별화수업을 공부하는데 있어서, 그리고 여러분의 학생들로 하여금 새롭고 즐거운 방법으로 배운 것을 내면화하고 이해하도록 돕는 데 있어서 행운이 함께 하시길 기원합니다.

Bruce Campbell 드림.

다중지능이론을 활용한 개별화수업 안내서에 오신 것을 환영합니다! 이 안내서는 제가 무학년제 초등학교에서 다중지능이론을 활용해 가르친 다년간의 교사 경험에 의해 만들어지게 되었습니다. 제가 배운 것을 다른 선생님들과 공유하기 위해 이 책을 썼습니다. 저는 제가 가르쳤던 리처드(Richard)라는 한 학생의 이야기로 이 책을 시작하려하며, 그 다음에 가드너(Howard Gardner)의 다중지능이론을 간단히 소개하도록 하겠습니다.

리처드의 비약적 발전

"캠벨 선생님! 캠벨 선생님! 음악실(Ray Charles Center)에 오셔서 리처드가 우리들한테 가르쳐준 것 좀 들어보세요."

"그래, 잠깐만."

"안돼요, 이거 진짜 좋단 말예요! 지금 당장 들어보세요!"

저는 크리스티나에게 읽고 있는 글을 마저 끝내라고 말한 후 음악실로 갔습니다. 네 명의 학생으로 이루어진 그룹—5학년 두 명, 4학년 한 명, 3학년의 리처드—은 작은 키보드와 직접 만든 타악기들을 가지고 소위 이중주 음악을 연주하고 있었습니다.

이 당시, 우리는 신체를 구성하고 있는 세포에 대해 배우고 있었으며, 동시에 신체의 많은 세포들이 분할되는 방법에 대해서도 배우고 있었습니다. 생명 세포의 분할 개념을 음악적으로 발달시키기 위해 음악실에 있던 그 학생들은 유사분열에 관한 가사로 음악 반주를 만들고 있었습니다.

내가 도착했을 때, 그 그룹은 리처드가 그들에게 복잡한 삼중주 리듬을 어떻게 연주하는지 가르쳐줬다고 설명했습니다. 이 생생하고 마음을 사로잡는 작곡은 전적으로 그 그룹의 창작이었습니다. 곧, (활동에 익숙해져 있기 때문에 쉽게 산만해지지 않는) 모든 학생들이 주위로 몰려들었습니다. 노래 한 곡은 약 4분 동안 계속 연주되었습니다. 반 전체가 깜짝 놀랐습니다. 어떠한 그룹도 그러한 복잡한 음악을 만든 적이 없었습니다. 뿐만 아니라, 이것은 완전히 내가 제안한 것 또는 보여준 것을 넘어선 것이었습니다. 사실, 이것은 내가 어떻게 가르쳐야 하는지를 넘어서는 것이었습니다.

리처드가 작곡한 곡의 선율이 점점 세지며 시작하다가 자연스러운 운율로 끝 나자마자 반 전체 학생들은 일제히 박수갈채를 보냈습니다. 그들은 좋은 음악이 바로 지금 그들의 교실에서 만들어졌다는 것을 알게 되었습니다.

가장 주목할 만한 것은 작곡 과정에서의 리처드의 역할이었습니다. 사실 리 처드는 거의 모든 과목에서 어려움을 겪고 있었습니다—리처드는 특수학생으로 분류되어 특별 프로그램에서 공부하도록 되어 있었습니다. 음악실에서 1차 작곡 가로서 그의 역할에 관해 가장 놀라운 점은 리처드 자기 자신을 포함해 어느 누 구도 그의 음악적 재능을 알지 못했다는 것입니다. 우리가 알게 된 것은 리처드 의 뛰어난 음악적 재능이 갑작스럽게 나타났다는 것이었습니다.

리처드는 매일 음악실에서의 연습 외에는 집이나 학교에서 별도의 음악 교육 을 받아보지 못했습니다. 교실에서 다섯 달 동안의 음악을 통한 공부를 한 후에 서야 리처드는 자신의 천부적 재능을 발견한 것입니다. 매우 감명을 받은 학생들 이 리처드를 축하해 주었습니다. 이러한 칭찬은 지금까지 성공을 거의 못해본 리 처드에게는 새로운 경험이었습니다.

며칠이 지나는 동안, 리처드의 음악적 성취는 계속되었습니다. 즉시 다른 교 실의 학생들도 들어보려고 왔습니다. 흥미롭게도, 리처드 본인도 변화하기 시작 했습니다. 그는 보다 높은 자신감을 가졌으며, 이전에는 회피했던 학업적 위험도 감수하기 시작했습니다.

한 학년이 끝날 무렵, 리처드는 여러 방면에서 성장했습니다. 나는 여름방학 에 그를 찾아갔습니다. 그는 자신의 키보드를 가지고 있던 때를 '미친 듯이 열심 히 음악을 만드는 것'이라고 말하면서 열의가 넘쳐 있었습니다.

리처드의 이야기는 그 어떤 이야기보다도 더 극적일지 모르겠지만, 다중지능 이론을 접목한 교실에서는 흔히 있는 일입니다. 학생들이 매일 다양한 방법으로 배울 때, 그들은 자주 비약적인 발전을 경험합니다. 그런 놀라운 변화는 자신의 강점을 확인할 때, 자신의 약점을 극복하기 위해 장점을 활용할 때, 학업에 대한 넘치는 의욕을 발견할 때, 그리고 표준화 학력검사에서 높은 점수를 받을 때 일어납니다.

　이 책은 교실에서 다중지능이론을 활용하는 데 관심이 있는 교사를 돕기 위해 썼습니다. 이 책은 다중지능이론을 활용한 나의 7년간의 경험을 토대로 하고 있습니다. 이 책은 나에게 "우리가 어떻게 시작해야 하나요?", "필요한 재료는 무엇인가요?", "당신은 우리들이 사용할 수 있는 다중지능이론을 접목한 교수-학습 과정안을 가지고 있습니까?"라고 묻는 교사들에게 직접 답하기 위해 쓰인 것입니다.

　『다중지능이론을 이용한 개별화수업 지도 안내서』는 여러분이 다중지능이론에 대해 알기 원하는 모든 것을 담고 있지는 않지만, 이 책은 각 학생의 장점을 활용하여 수업하려는 여러분의 노력에 부응하는 유용한 도구가 될 것입니다. 여러분의 앞날에 행운이 함께하길 빕니다.

Bruce Campbell

차 례

서론

개별화수업에 대해 알아보기

제1장

개별화수업을 위한 교실 준비

제2장

다중지능을 활용한 개별화수업을 위한 학생과 학부모 준비

제3장

다중지능을 활용한 개별화수업 준비

제4장

다중지능 교실에서의 평가의 개별화

제5장

다중지능을 적용한 개별화수업 지도안

제6장

개별화수업 교실에서의 자기주도적 학습을 위한 학생들의 준비

제7장

다중지능 교육과정 단원을 활용한 개별화수업

개별화수업에 대해
알아보기

개별화수업이란 무엇인가? 한 교실 내에서 다양한 능력을 가진 학생들을 가르치는 일련의 수업전략으로 묘사하는 개별화수업에 대한 정의가 많이 있다. 개별화수업은 모든 학생들의 필요를 전략적으로 충족시키기 위해 설계된 접근 방법이다. 그것은 또한 학생들의 학업성취를 향상시키기 위해 검증된 실제에 따른 학생 중심의 학습 방법이다. 개별화수업은 근래의 교실 현장에서 다양한 학생들의 요구를 수용하여 반영하려는 생각이나 계획의 차별화된 수업 방법이기도 하다.

개별화수업이라는 용어가 새로울 수도 있지만 사실 그 개념은 새로운 것이 아니다. 단급학교 시절 이래로 교사들은 수준이 다른 학생들의 능력과 요구를 동시에 충족시키면서 가르치고자 노력해왔다. 복식수준, 복식모형, 능력별, 또는 수준별 학습으로 부르기도 하는 개별화수업은 다양한 수준의 학생들로 이루어진 교실에서 학생들의 학습력 향상을 위해 다양한 학습전략을 활용하려는 의도적인 노력이라고 간단히 말할 수 있다.

경우에 따라 어떤 것에 대해 잘 알기 위해 그것의 특성이 아닌 그 외적인 것을 살펴보는 것이 그것을 명확히 이해하는 데 도움이 되기도 한다. 먼저, 개별화수업은 단순히 특정한 어느 하나의 수업 방법이 아니며, 많은 전략을 포함하고 있다. 또한, 어떤 특별한 프로그램도 아니다. 모든 교실에서 학생들의 다양한 요구를 수용하기 위해 바뀌기 마련이다. 개별화수업은 능력별 집단이나 반편성이 아니며, 모든 학생들의 개별적인 강점과 집단의 강점을 반영한 수업이다. 개별화수업은 목표가 아니다. 교사들은 개별화수업을 위한 개별화를 하는 것이 아니라 학생들의 학습과 학업 성취를 높이기 위해 개별화를 한다.

개별화수업은 방법이나 전략이 아니다. 앞서 말한 바와 같이, 개별화수업은 생각하는 방법이며 계획하는 방법이다. 생각에는 학생들의 학습 준비성과 능력, 다양한 흥미와 관심사, 다양한 학습 특성이 포함된다. 즉, 모든 학생들이 학습에 성공할 수 있도록 내용 영역에 다양한 도입전략을 적용하는 방법에 관한 생각을 의미한다. 개별화수업은 학생들의 삶의 경험과 그들이 처한 상황을 개별적으로 진단, 고려할 뿐만 아니라 집단적으로도 고려하는 것을 의미하기도 한다. 또한, 교사들이 어떻게 학생들과 함께 의미 있는 관계를 발전시켜 나갈 수 있는지에 관한 생각을 의미한다. 그렇게 함으로써 교사들이 학생들을 위한 유의미한 학습 경험을 제공한다는 것을 신뢰할 수 있게 된다. 무엇보다도 개별화수업에서의 초점은 교사들이 학습을 극대화하기 위해 다양한 경험과 자료를 제공하는 심화된 학습 환경을 제공할 수 있는가에 있다. 일반적으로 교사들은 직관적으로 개별화를 할 수 있다고 생각하지만, 개별화를 하는 방법에 대해 더 의도적이게 될 수 있는 여지가 있다고 생각한다.

개별화수업에 관한 많은 논문, 발표 가운데 탐린슨(Carol Tomlinson) 교수는 내용, 과정, 산물(교육과정, 수업, 평가)의 개별화를 강조했다(Tomlinson, 1995, 1999, 2003). 탐린슨 교수는 또한 교사들이 각 학생의 서로 다른 학습양식과 특성에 따라 개별화할 수 있어야 한다고 주장했다. 이와 관련하여 이 책은 다양한 학습자원, 학생들에게 필요한 내용이나 기술에 접근할 수 있는 다양한 방법, 학생들이 배운 것을 표현하는 다양한 방법, 다양한 모델과 지능을 통해 배울 수 있는 다양한 기회를 제공한다.

탐린슨 교수는 또한 작고, 융통성 있는 학습 그룹의 중요성을 강조했다(Tomlinson, 1999). 융통성 있는 그룹 활동이란 용어는 개별화수업에서 자주 나오는 개념이다. 그녀는 또한 이질능력그룹의 중요성에 대해서도 언급한다(Tomlinson 1995, 1999). 효과적인 교수법(Marzano, 2003, 2004)에 관한 문헌들에서도 융통성 있는 그룹, 이질능력그룹, 학습자원의 다양성, 융통성 있는 학습속도, 학습자 중심 교수법과 같은 개념들이 나타난다. 이러한 것들은 모두 이 책에 제시된 다중지능이론에 기초한 개별화수업의 중심 개념들이다.

개별화를 다루는 많은 책과 글에서 우리는 여러 교수법을 찾아볼 수 있다. 그러한 교수법에는 융통성 있는 그룹, 프로젝트 중심 학습, 학습양식을 활용한 학습, 문제중심학습, 교육과정 압축, 수준별 수업, 자기주도적 학습 등이 포함될 수 있다. 개별화수업은 또한 많은 수업 관련 전략을 활용할 수 있기 때문에 어떻게 개별화수업을 할 것인지를 명확하게 정하는 것이 쉽지 않다. 필자가 수업이나 이 책에서 다중지능이론에 초점을 맞춘 것은 바로 이 때문이다. 다중지능이 개별화수업을 설계하는 데 이용할 수 있는 최고의 체제라고 생각한다. 다중지능은 학생들로 하여금 같은 기술이나 개념을 다양한 도입 전략을 통해 배울 수 있도록 해주는 다중모형 접근법이다. 이 접근법은 학생들이 학습에서 성공할 수 있도록 교사들이 도울 수 있는 가능성을 높여준다.

이 책은 또한 다중지능이론에 근거하여 쉽게 찾아볼 수 있도록 만들어진 많은 개별화 수업 지도안을 제공한다. 이 책의 수업은 여덟 가지 지능 관련 도입방법을 제공하고 있다. 즉, 학습 목표인 기술이나 지식을 가르치기 위한 여덟 가지 도입방법을 보여준다. 그러나 매 수업에서 여덟 가지 지능을 모두 사용하는 것이 아니고 어떤 도입 요소에서 어떤 지능이 어떤 학생들에게 가장 적합할지를 결정하는 식이다. 이러한 융통성은 교사가 수업을 위해 다중지능을 선택할 수 있도록 하고, 학생들이 다양한 방식으로 배운다는 사실을 기억할 수 있도록 해준다.

마지막으로, 교육과정에 대해 말하고자 한다. 제5부, "다중지능을 활용한 개별화수업"에서 필자는 각각의 수업에서 다루는 일반적인 교육과정을 다루었다. 오늘날의 학교들은 교육과정이 기준이 되고, 그 기준에 의해서 운영되고 있다. 좋은지 또는 좋지 않은지를 떠나, 아이오와(Iowa) 주를 제외한 대부분의 주는 주정부가 제시한 국가 수준의 교육과정 기준이 있다. 모든 주의 모든 수업을 위한 구체적인 교육과정 기준을 알아보는 것은 이 책의 범위를 넘어선 것이다. 하지만 전국수학교육협의회와 같은 단체의 기본적인 교육과정 기준과 많은 주의 교육과정 기준을 고려했다. 이 책에 제시된 수업을 위한 확인된 교육과정 기준은 많은 주와 전국적인 단체의 교육과정 기준에 근거한 것이다. 필자는 교육과정 기준이 좋은 것이라고 생각한다. 교육과정 기준을 다룰 수 있는 방법 또한 많다고 생각한다. 이 책은 다중지능을 이용한 개별화수업을 함으로써 어떻게 교사들이 그러한 교육과정 기준에 도달할 수 있는지에 대한 실례를 제시한다. 다음에 이어지는 내용은 일련의 개별화수업 활동과 교사와 학생 모두를 사로잡을 평가 과정을 보여준다. 필자는 여러분이 이들을 즐길 수 있기를 기대한다.

개별화수업의 전략으로서 다중지능 이론 알기

다중지능이론을 활용한 개별화수업에 관해 필자가 배운 것을 설명하기 전에, 하버드대학교에 재직 중인 인지 심리학자 하워드 가드너(Howard Gardner)에 대해 아는 것이 중요하다고 생각한다. 그는 지능이론 분야에서 신기원을 이룬 『정

신의 구조: 다중지능 이론(Frames of Mind: The Theory of Multiple Intelligences)』[1] 책을 출판하였다. 그의 책은 언어와 수학 중심의 전통적인 지능 개념을 뛰어 넘어 지능의 개념을 확장시키고, 지능이 무엇인지에 대해 재정의하였다. 가드너에 따르면 인간 지능은 다음 세 가지 요소로 이루어져 있다. 첫째는 인간으로 하여금 일상생활에서 접하는 실질적인 문제들을 해결하도록 하는 일련의 기술이고, 둘째는 효율적인 물품을 만들어 내거나 자신의 문화 내에서 가치 있는 서비스를 제공하는 능력이며, 셋째는 개인이 새로운 지식을 습득하도록 돕는 문제를 발견하거나 만들어 내는 잠재적 능력이다.

이처럼 향상된 지능의 관점에 도달하기 위해서 가드너는 영재아, 다양한 문화의 사람들, 천재학자들, 뇌에 손상을 입은 사람들의 인지 특성을 연구했다. 이러한 연구를 통해 그는 지능이 다양한 형태로 표현된다는 것을 알게 되었다. 언어 능력 및 논리-수학 능력과 더불어 신체-운동, 시공간, 음악, 대인관계, 자기이해 능력이 있음을 발견했다. 13년 후, 그는 처음 제기했던 일곱 가지 지능에 '자연탐구지능'을 더하였다. 다음 내용은 앞서 말한 여덟 가지 지능에 대한 자세한 설명이다.

언어지능은 낱말을 통해 생각하며, 복잡한 의미를 표현하고 이해하기 위해 언어를 사용하는 능력이다. 언어지능은 단어의 순서와 의미를 알 수 있게 하며, 언어를 사용하고 언어 체계 기술을 사용하는 데 메타언어 기술을 적용할 수 있게 하는 능력이다. 언어지능은 가장 넓게 공유된 인간의 능력이며 시인, 소설가, 기자, 유능한 대중 연설가에게서 가장 두드러지게 나타난다.

논리수학지능은 계산하고, 수량화하며, 명제와 가설을 설정하고, 복잡한 수학 문제를 풀어내는 능력이다. 우리로 하여금 논리수학지능을 통해서 관련성과 연결성을 알도록 하고, 추상성, 상징적 사유, 논리적 추론, 귀납적 사고와 연역적 사고 과정 등을 가능하게 한다. 논리 지능은 수학자, 과학자, 검사 등의 직업을 가진 사람에게서 잘 발달되어 있다.

신체운동지능은 사물을 다루고 다양한 신체 기술을 활용하는 능력이다. 이 지능은 시간을 감지하는 능력과 육체와 정신의 결합을 통한 완전한 기술과 관련되어 있다. 운동선수, 댄서, 외과 의사, 장인에게서 뛰어난 신체 운동 지능이 드러난다.

---

1) 우리나라에서는 『마음의 틀: 다중지능이론』으로 출판됨.

시공간지능은 삼차원적으로 생각하는 능력이다. 영상 이미지, 공간 사고, 영상 조작, 그래프와 미술 기능, 활동적 상상 등이 핵심 능력이다. 항해사, 비행기 조종사, 조각가, 화가, 건축가 등이 뛰어난 공간 지능을 보인다.

음악지능은 음의 높고 낮음, 리듬, 음색 등을 분간하는 능력이다. 이 지능은 음악을 이해하고 창조하며 재현하고 회상할 수 있게 한다. 작곡가, 지휘자, 음악가, 가수, 민감한 청취자 등이 이 지능에서 뛰어나다. 흥미로운 점은 음악과 감정이 정서적으로 연결되어 있다는 것이다. 또한 수학 지능과 음악지능은 공통적인 사고 과정을 공유한다는 것을 알 수 있다.

대인관계지능은 효율적으로 타인을 이해하고 상호 교류하는 능력을 의미한다. 효과적인 언어 및 비언어 의사소통, 다른 사람들의 특성을 식별하는 능력, 다른 사람들의 기분이나 분위기에 대한 민감성, 다양한 관점을 포용하는 능력 등이 포함된다. 교사, 사회복지사, 배우, 정치인 등이 대인관계지능에서 뛰어나다.

자기이해지능은 자기 자신은 물론 자신의 생각과 느낌을 이해하고 삶을 설계하고 조율하는 데 갖고 있는 지식을 활용하는 능력을 말한다. 자기이해지능은 자신의 존중뿐만 아니라 인간을 둘러싼 환경의 존중까지 포함하며, 심리학자, 정신적 리더, 철학자 등에게서 두드러지게 나타난다.

자연탐구지능은 자연 환경에 있는 규칙성을 관찰하고 이해하며 조직하는 것과 관련 있다. 예를 들어, 식물의 성장, 동물의 행동, 구름의 모양, 돌멩이의 모양 등을 관찰하고 이해하며 조직하는 능력을 가리킨다. 동물이나 식물을 알아보고 분류하는 데 전문성을 보이는 사람에게서 뛰어나며, 동식물 연구가는 분자 생물학자로부터 약초로 치료를 하는 전통 한의사까지 다양한 사람들을 가리킨다. 관찰하고, 수집하고, 분류하는 기술은 인간 환경에 적용될 수 있다. 예를 들어 아이들이 스포츠 카드를 분류하거나 어른들이 다른 엔진의 미세한 소리를 분간하는 것, 사람마다 다른 지문을 인식하는 것을 예로 들 수 있다.

이러한 여덟 가지 지능은 개별화수업의 기초를 제공한다. 개인마다 다양한 인지적 특성을 가지고 있다는 말을 받아들이는 것은 이들의 특성을 반영하여 수업을 다양하게 조정하여 변화시킬 수 있다는 의미이다. 만약 교사들이 다양한 도입 전략을 활용하여 내용을 다룬다면, 다시 말해서 가드너가 제창한 다중지능이론을 사용하여 개별화수업을 한다면, 보다 많은 학생들이 배우고 성공할 수 있을 것이다. 학생들은 잘하는 강점 지능을 통해 공부할 수 있고, 약점 영역을 강화할 수 있으며, 그들이 좋아하고 즐길 수 있는 것을 발견할 수 있는 기회를 당연히 가져야 한다. 이 책은 모든 학생들의 재능을 길러주기 위해 쓰였다.

개별화수업을 위한 교실 준비

제1장은 다중지능이론을 활용한 개별화수업을 어떻게 시작해야 하는지를 다루고 있다.

이 장에서는 개별화수업을 하기 위해 다중지능을 활용한 여러 교실 모형에 관한 설명을 먼저 살펴볼 것이다. 이 설명은 여러분의 교실 수업에 다중지능을 접목할 수 있는 다양한 방법을 보여주기 위한 것이다. 이어서 필자의 교실을 설명할 것인데, 이는 교사들이 필자가 개발한 학습센터들에 대해 더 많은 정보를 종종 요청해 오기 때문이다. 여기에서 학습센터에서의 공부를 위해 필자가 어떻게 학생 그룹을 편성하는지도 설명할 것이다. 제Ⅰ장은 다중지능을 활용한 개별화 프로그램을 시작하기 위해 각 단계에서 수집해야 할 일부 자료 확인을 제안함으로써 끝나게 된다. 이 장에는 다음 내용이 포함되어 있다.

제1장의 내용

- ✤ 다중지능을 활용한 개별화수업의 다양한 모형
- ✤ 다중지능 학습센터를 활용한 개별화수업을 하는 교실의 일상생활 형태
- ✤ '~을 위해' – '~을 가지고' – '~에 의한'(To-With-By)
- ✤ 개별화를 하기 위한 다중지능센터의 활용
- ✤ 다중지능센터를 위한 그룹 편성
- ✤ 다중지능 프로그램의 시작
- ✤ 개별화수업과 다중지능 학습 환경 만들기에 대한 자료

다중지능을 활용한 개별화수업의 다양한 모형

개별화수업을 위한 교실을 꾸미는 데는 여러 방법이 있다. 교사들은 주어진 수업에 교실의 모양, 관리 시스템, 하루 일과표 등과 함께 다중지능도 반영하여야 한다. 이 모든 것이 교사의 교수 방식(teaching style), 학년 수준, 교과 영역을 위해 가장 적절한 것이 무엇인가에 달려 있다. 보다 중요한 것은 개별화수업을 위한 교실을 꾸밀 때 교사 각자가 학생들의 준비도, 능력, 관심사, 학습 특성 등을 충분히 반영하여야 한다는 것이다.

전체 MI 학습센터 모형(일일 여섯 개 이상의 학습센터 제공)

전체 MI 학습센터 모형은 여러 개의 학습 센터를 제공하는 것이 특징이며, 각 센터는 가드너의 다중지능에 맞춘 것이다. 교육과정은 주제 중심이고 통합교과적이다. 즉 학생들은 센터에서 센터로 이동하면서 특정 주제에 관해 학습하며, 많게는 여덟 개의 센터를 거치게 된다. 이 모형의 장점은 학생들의 그룹을 작게 만들 수 있는 점이다.

    이 모형은 날마다 각 센터에서 새로운 활동을 하자는 것이 아니다. 한 개 이상의 학습센터에서의 학습활동에 여러 날이 걸릴 수도 있다. 때에 따라서는 한 주 이상이 걸릴 수도 있다. 분명한 것은 학생들이 이 센터에 돌아왔을 때는 자신의 공부를 계속하여야 한다는 것이다.

부분 MI 학습센터 모형(일일 세 개에서 다섯 개의 학습센터 제공)

부분 MI 학습센터 모형은 위에서 설명한 전체 MI 학습센터 모형과 유사하다. 종종 두 개의 개인 지능(자기이해지능과 대인관계지능)을 통합하기 위해 설계되는 학습 활동은 강조되지 않기도 하는데, 이는 이들 지능이 이미 다른 센터에서 통합되었기 때문이다. 한 가지 가능한 것은 시기(날마다 또는 주마다)별로 지능 센터를 바꾸어 가는 것이다. 예를 들어, 한 주는 음악 센터가 운영되고 한 주는 신체운동 센터가 운영되는 것이다. 달리 말해서 때에 따라서 다른 지능들이 선택되는 것이다. 이 모형은 교사에게 융통성을 제공하고 학생들에게는 다양한 선택 기회를 제공한다.

주간 MI 학습센터 모형

주간 학습센터 모형에서는 다섯에서 여덟 가지 지능 센터가 일주일에 하루 또는 이틀 정도만 운영된다. 이 기간 동안 각 지능 센터에서는 하나의 특별한 주제만 공부하게 된다. 그 외의 남은 날에는 다시 전통적인 교실로 되돌아가 수업을 하게 된다. 이 방법은 센터를 설치하는 시간과 분리하는 데 시간이 더 많이 들지만 다중지능을 통한 개별화수업을 실험하는 교사들에게는 정말 유용한 방법이다.

이동식 MI 학습센터 모형

이동식 MI 학습센터 모형은 팀티칭에 기반한 재미있는 기본 모형이다. 교사들은 각기 다른 교실에서 가르치고, 학생들 전체가 한꺼번에 교실에서 교실로 40분에서 60분 간격으로 이동한다. 교육과정은 통합적으로 구성되며, 한 주제에 관해 두 명 이상의 교사들이 가르친다. 교사들은 지능 전문가 역할을 하며, 이웃 교사들과 협력해서 단원을 개발하고, 하나 이상의 개인적인 강점으로 기여해야 한다.

정규수업 MI 학습센터 모형

정규수업 MI 모형은 직접교수법을 활용하여 전통적인 교실환경하에서 이루어진다. 음악, 신체운동, 시공간, 대인관계, 자기이해 기술을 정규 학습활동에 통합하는 특징이 있다. 이 모형은 교사들이 다중지능을 활용해 개별화수업을 적용할 수 있는 가장 쉬운 방법이다.

단일 지능 강조 모형

단일 지능 학습센터 강조 모형은 일제 수업의 한 변형으로서 교사는 하루에 한 가지 지능을 강조한다. 예를 들어, 월요일에는 학생들로 하여금 다양한 협동학습 전략을 통해 협력하여 공부하도록 하되 대인관계지능 활동에 참여하도록 하는 것이다. 화요일에는 그 날의 수업 내용을 그래프나 그림을 통해 시각적으로 배우도록 하는 것이다. 여러 날이 지나면서 학생들은 여러 지능을 통해 배울 수 있는 기회를 갖게 된다. 이 책에서는 학년과 교과에 상관없이 적용할 수 있는 각 지능에 관련된 구체적인 학습활동 모형을 제시하고 있다. 이 모형을 사용하고 있는 일부 교사들은 그 순환 주기에 여분의 날을 포함시키기도 한다. 이 날에는 학생들이 선호하는 지능을 통해 학습할 수 있는 선택권이 주어진다.

자기주도적 학습 모형: 개인의 강점에 기초한 학생들의 선택

자기주도적 학습 모형에서 학생들은 자신들이 선택한 프로젝트들을 추구할 수 있는 기회를 갖는다. 학생들은 자신들의 학습활동을 계획하고, 이 때는 학생학습계약(독립 프로젝트 장에서 계약서 사례 참조)을 활용한다. 학생들이 목표를 설정하고, 일정을 만들며, 독자적인 연구를 수행하며, 평가를 위해 자신들의 학습결과를 증명할 수 있는 방법을 결정한다. 교사는 촉매자와 자원인사로서의 역할을 한다. 이와 같은 접근은 중등학교 수준에서 분기당 2회 정도 이따금씩 활용될 수 있고 초등학교 수준에서는 날마다 정기적으로 활용될 수 있다.

도제 프로그램

학생들이 심화된 기능을 개발하도록 돕는 많은 도제 프로그램이 있다. 교사들은 학부모 또는 지역사회 자원봉사자로 하여금 그들의 전문성을 소그룹 학생들과 공유하도록 요청할 수 있다. 예를 들어, 화요일에 신문인, 피아니스트, 배우 등 세 명의 지역 인사들을 초청하여 그들의 전문성을 학생들과 함께 나누도록 할 수 있다. 학교 전체적으로 운영되는 일부 도제 프로그램은 일주일에 한 차례 또는 한 달에 한 차례씩 전체 학생들을 대상으로 운영되기도 한다. 만약 교사 개인적으로 또는 학교 전체가 도제 프로그램에 관심이 있다면, 이러한 도제 프로그램이 여러 달에 걸쳐 실시되도록 기간을 정해 계획을 세우는 것이 중요하다. 이렇게 함으로써 학생들은 특정 분야의 지능에서 넓은 지식과 기능을 개발시킬 수 있다.

MI 학습센터를 활용한 개별화수업 교실에서의 일일 수업형태

수년 동안 필자는 다중지능 교실 모형을 실행해 왔다. 이 모형은 가드너가 처음 제시했던 여덟 가지 지능에 근거한 여덟 개의 학습센터, 주제별 및 통합적 교육과정을 포함한다. 각각의 센터, 또는 학습 활동 부서는 하나 또는 원래의 여덟 가지 지능에 초점이 맞추어졌다. 필자는 두 개의 개인 관련 지능을 합하면서 오직 여섯 개의 센터만 남기는 것과, 두 개의 개별 지능을 다른 지능으로 통합하면서 오직 다섯 개의 센터를 남기는 방법도 시도해 보았다. 필자는 지능 센터의 수를 정해놓고 운영할 필요는 없다고 생각한다. 오히려 내용 영역을 다루기 위한 다양한 도입전략을 제공하는 것이 더 중요하다 할 수 있다.

필자는 이런 이유로 해마다 어떤 활동이 해당 그룹과 학년 수준에 가장 적절한지 센터의 수를 다양화해 왔다. 학생들은 센터에서 오전에 그날의 주제에 대해 배운다. 그리고 오후에 자신이 선택한 프로젝트를 하고, 자신의 관심 영역에 다양한 학습 방법을 적용해본다. 이 교실수업 모형은 필자에게는 잘 맞았지만 효과적인 다중지능 접근으로서 유일한 모형은 아니다.

다음 설명은 다중지능 프로그램 일일 계획의 하나로 어떻게 필자가 수업을 진행했는가에 대해 간략하게 보여준다.

수업의 시작

오전의 출석 점검과 공지사항 전달 이후에 필자는 학생들로 하여금 간략한 토론을 하도록 이끈다. 이 '준비 운동' 시간은 보통 뉴스거리나 사건, 최근의 학교 문제 또는 논란이 되고 있는 사회 문제들을 다룬다. 학생들은 자신의 의견을 정리한 뒤 다른 사람의 견해에 대해 질문함으로써, 자신의 의견을 보다 공고히 하게 된다. 토론은 대개 간략하면서도 생생하게 이루어진다.

수업의 전개

오전의 '준비 운동' 토론이 끝나면, 학생들에게 필자가 '본 수업'이라고 부르는 것을 가르친다. 학생들은 노트나 일기에 날마다 그날의 본 수업에 대해 필기하도록 한다. 본 수업은 10분에서 15분 동안 그날 배우게 될 과목이나 주제에 대한 개괄적인 내용을 살피는 시간으로 구성된다. 예를 들어, 외부세계에 관한 어느 한 단원을 가르친다면, 아침 수업은 혜성에 초점이 맞추어지고 무엇이 혜성의 궤도를 길게 하는지에 대해 배운다. 이 수업은 보통 시각 자료와 조작 활동을 수반한다. 가끔은 자청한 학생, 조금이라도 전문성을 갖춘 학부모, 또는 이 주제에 관심을 갖고 있는 지역사회 인사들에 의해 가르쳐지기도 한다. 본 수업에서는 다음에 이어질 학습센터에서의 활동을 위한 내용이 제시된다. 모든 본 수업은 주 정부가 제시한 교육과정 기준이나 지역교육청의 교육과정 기준에 의거해 이루어진다.

교사의 안내

본 수업이 끝나면 각각의 학습센터에서의 활동에 대해 간단히 안내한다. 일부 센터 중심의 활동은 전날 수업의 연장선상에서 이루어지기 때문에 두서너 개의 간단한 안내만이 주어진다.

학습센터 활동

학습센터에서의 학습으로 진정한 수업에서의 개별화가 이루어진다. 학생들은 소그룹을 형성하여 학습센터로 이동한다. 센터에서의 학습활동은 구조화되어 있고 내용에 초점이 맞추어져 있으며 각각의 활동으로 나누어져 있다. 서너 명 씩 짝지은 각 그룹은 학습센터를 돌아가면서 공부한다. 학년 수준과 학습 시기에 따라 각 센터에서 10분 내지 30분 정도 머물면서 공부를 한다. 본 수업에서 목표로 했던 기능이나 지식은 이 단계에서 이와 같이 개별화된 방식으로 배우게 된다. 학생들은 그룹과 함께 활동한 후, 교사가 계획한 일정 시간이 지나면 즉 교사가 작은 종소리를 들려주면 다음 센터로 이동하게 된다. 센터 내에서의 학습활동 시간은 협동학습과 개별학습 두 가지 모두를 하기에 충분해야 한다. 다시 확인하지만, 학습활동은 주 정부가 제시한 교육과정 기준에 맞추어 계획되어야 한다. 교과서는 가능한 한 통합적이어야 한다. 교육과정 내용과 더불어, 학생들의 다양한 사고 기술을 개발해야 한다. 현장에서는 문해 교육을 강조하기도 한다.

한편, 일부 교사들은 다양한 학습센터를 추구하고 계획하는 데 많은 시간을 할애하는데 그 시간은 두 가지 요소 측면에서 최소화된다. 첫째, 학생들은 새로운 센터를 일주일에 한 번씩만 시작하는 데서, 둘째, 많은 센터 중심의 학습활동이 여러 날 또는 여러 주에 걸쳐 계속되기 때문이다. 금요일은 종종 '자유롭게 센터를 선택하는 날'로 지정되기도 한다. 이날은 학생들 스스로가 센터 활동에 대한 계획을 세우는 날로서, 자유롭게 센터를 선택함으로써 학생들은 미처 마치지 못한 공부를 마칠 수 있는 기회와 특별히 관심을 갖고 있는 센터에 초점을 맞추어 활동할 수 있는 기회도 가질 수 있다.

급우들과의 공유

학생들은 센터에서 공부한 후에 전체적으로 모여 자신이 알아낸 것을 친구들과 공유하고 조언을 받는다. 학생들은 자진해서 또는 요청에 의해서 노래를 부르거나 짧은 단막극을 만들기도 하고 쓴 작품을 큰 소리로 읽거나 미술 작품을 반 친구들에게 보여주기도 한다. 학생들은 발표자에게 칭찬을 해 주거나 건설적인 비판을 하기도 한다. 일상적으로 이렇게 공유하는 시간은 5분에서 15분 정도로 활용하며, 이것으로 학교에서의 하루는 절반을 마치게 된다.

수학

오후는 전체 학생을 대상으로 가르치는 수학 수업으로 시작한다. 필자는 수학 수업을 개별화하기 위해서 반복, 연습 활동 및 개념을 가르칠 때에도 조작적 자료를 활용한 수업 활동을 한다. 수학 수업은 보통 45분에서 60분 정도로 하고, 다음 날 아침 수학 센터에서 하는 활동으로 보강한다.

프로젝트

다음으로, 학생들은 하루에 한 시간 정도 자기만의 독자적인 프로젝트를 수행한다. 학생들은 자신만의 주제를 선택하고 그것에 관하여 혼자 혹은 짝을 지어서 공부한다. 프로젝트는 학생들이 무엇을 수행하고 언제 해야 할 지에 관해 교사와 학생 간의 구체적인 학습계약에 의해 조직된다. 학생들은 '예비 전문가'가 되어 배운 것을 다른 동료들에게 가르칠 수 있어야 한다. 학생들은 주제를 정하고, 그에 관해 연구하여, 다른 모든 학생들에게 발표할 수 있도록 준비한다. 학생들이 각각의 프로젝트를 준비하는 데 걸리는 시간은 3주 내지 4주 정도다. 학생들이 자신의 프로젝트를 동료들과 공유할 때, 그들의 발표에서 조사에서 획득한 지식뿐만 아니라 센터에서 습득한 기술까지 보여준다. 또한 발표를 통해 학생들은 자신의 관심사가 무엇인지에 대해 확실히 알게 되고, 목표를 수립한 후 그것을 자신만의 방법으로 해결할 수 있다는 것을 보여준다.

　필자는 프로젝트 중심의 학습은 개별화수업을 할 수 있는 또 하나의 강력한 전략이라고 생각한다. 많은 훈련과 비계학습은 훌륭한 프로젝트를 만들어 낼 수 있게 한다. 필자는 한 학년을 시작할 때, 처음에는 일차원적인 조사와 발표 같은 작은 프로젝트로 시작하였다가 점차적으로 복잡한 조사 및 이해한 것에 대한 발표 등으로 진행해 나간다. 심지어 유치원생이나 1학년도 이러한 프로젝트를 할 수 있다. 그들은 더 구조화된 것을 필요로 하기는 하지만 동물, 계절, 작가, 책, 이웃, 애완동물 등을 선택해서 연구하고, 발견한 것을 반의 친구들에게 발표할 수 있는 능력을 충분히 갖고 있다. 모든 연령에서 프로젝트의 과정은 사고 기술, 계획하는 것, 자기주도성 등을 가르친다.

복습

마지막 일과로 필자는 본 수업과 센터에서 공부한 것, 프로젝트 성과물에 대해 간단히 복습한다. 또한 다음 수업에 대한 예습뿐만 아니라 복습하는 동안 숙제도 내준다. 예를 들어, "오늘 우리는 혜성과 태양 주위를 도는 이상한 궤도에 대해 배웠어요. 태양 주위를 도는 또 다른 물체에는 무엇이 있을까요? 내일 수업은 소행성에 대한 것이에요."라는 식으로 말이다. 복습은 그날 배운 수업과 다음 수업을 연결해 주는 다리 역할을 한다. 또한 복습은 단원 주제 영역을 전체 수업과 개별적인 수업을 잘 엮어주는 역할을 한다.

To-With-By(에게-함께-의해)

필자는 항상 To-With-By를 하나의 모형으로 여겨왔다. 필자는 (본 수업 시간에) 학생들에게 무엇인가를 가르칠 때, (학습센터에서) 수업을 안내하면서 학생들과 함께 공부한다. 그리고 (주어진 프로젝트에서) 그들 스스로에 의해서 또는 독자적으로 더욱 열심히 공부하도록 격려한다. 다중지능과 수업이 접목되었든지 되지 않았든지 간에 이 모형은 비계학습의 과정이라는 측면에서 개별화된 것이다. 학습센터의 활동에서나 전체 학급을 대상으로 하는 수업에서 다중지능을 수업에 접목하는 것은 개별화를 더욱 확대하는 것이며, 학생들에게 성공할 수 있는 더 많은 기회를 제공한다.

참고: 시간표는 제시된 것보다 더 융통성 있게 운영된다. 필자는 학교에서 오전에 90분간의 읽기 수업을 하고 있으며, 이에 따라 필자의 일정을 맞춘다. 체육, 음악, 도서실 시간, 조회 시간 등을 운영하고 있으며, 필자는 이러한 것들을 일정에 반영한다. 필자는 항상 수업 단축 주간과 수업 단축일도 일정을 조정하여 반영한다. 중요한 것은 학생들에게는 개별화된 방식으로 배울 수 있는 기회가 많아진다는 것이다. 이러한 것들이 학생들의 다양한 요구, 능력, 관심사 등을 더 잘 반영하게 된다.

개별화를 위한 다중지능센터의 활용

원래 필자가 다중지능 학습센터를 통해 개별화를 시작했을 때, 각 센터의 이름을 그 기능에 따라 명명했다. 예를 들어, 운동지능을 위한 센터는 (보디) 빌딩 센터라고 불렀다. 시각센터는 예술센터 등으로 불렀다. 필자가 다중지능 프로그램을 시작한 지 둘째 해가 되던 때, 한 교육실습생이 각 센터의 이름을 그 분야에서 지능이 뛰어난 유명 인사의 이름을 따서 짓자고 제안했다. 우리는 함께 누가각 센터를 대변할 수 있는 인물인지 생각했으며, 대표가 될 만한 사람들의 이름목록표를 만들었다. 그 이후로 각 센터는 그 분야에서 유명한 사람들의 이름을 따서 부르게 되었다. 그 생각은 그 지역의 많은 교육자들에게 인기를 얻게 되었다.

센터에서 각각의 전문가들을 강조하는 것은 교육과정에 있어서 많은 가능성을 내포하고 있다. 필자의 학생들은 학년도의 첫 주에는 다중지능과 그 지능들을 대변하는 사람들에 대한 학습으로 시간을 보낸다. 각 지능을 대변하는 사람들과, 그런 사람들이 어떻게 기술을 발달시켰는지, 어떤 것에 공헌했는지에 대해서 배우고 나면, 학생들 자신의 능력도 시간이 지나면서 발달시킬 수 있고, 그들도 사회를 위해 공헌할 수 있으리라고 기대하기 시작한다. 필자가 관찰한 또 다른 현상은 학생들이 특정 사람을 발견한다는 것이다. 그것은 마치 다중지능의 천재들이 그 자리에 직접 있는 것은 아니지만 그들이 학생들을 위한 멘토로서 도와주는 것이나 마찬가지이기 때문이다. 또한, 각 학생이 독특한 강점을 드러낼 때, 학급 친구들은 그 학생을 우리 학급의 피카소, 우리 학급의 디킨슨이라고 부르게 될 것이라는 점이다.

필자는 매년 센터 이름을 바꾼다. 예를 들어, 운동감각 센터는 토마스 에디슨에서 마르다 그레이엄으로 바뀌었다. 센터 이름이 토마스 에디슨일 때, 필자는 다양한 건축 활동과 발명 활동을 제공하였다. 마르다 그레이엄으로 이름이 바뀌자, 필자는 창의적 움직임과 춤을 강조하였다. 센터 이름은 내가 그 해에 계획한 교육과정을 안내해 주었다. 지금은 다음 사람들이 필자의 다중지능 센터에 공헌하고 있다.

> 윌리엄 셰익스피어 센터　(언어지능)
> 알버트 아인슈타인 센터　(논리수학지능)
> 마르타 그레이엄 센터　　(신체운동지능)
> 파블로 피카소 센터　　　(시공간지능)
> 레이 찰스 센터　　　　　(음악지능)
> 마더 데레사 센터　　　　(대인관계지능)
> 에밀리 디킨슨 센터　　　(자기이해지능)
> 제인 구달 센터　　　　　(자연탐구지능)

많은 교사들이 센터의 이름을 지으면서 실험을 한다. 한 교사는 학교 교사들의 이름을 따서 짓기도 하고, 어떤 교사는 유명한 여자들의 이름을 따기도 하고, 소설에 등장하는 인물의 이름을 따서 만들기도 한다. 또 어떤 교사는 학교에 정기적으로 찾아와서 그들의 전문성을 학생들과 공유하여 학급의 멘토로서 학생들을 돌보는 지역인사들의 이름을 따서 센터 이름을 짓기도 하였다. 몇몇 교사들은 센터 이름을 매년 바꾸기도 하며, 또 다른 교사들은 분기별로 학생들이 스스로 센터 이름을 선택하도록 하기도 한다.

다중지능센터를 위한 그룹편성

필자는 종종 그룹을 어떻게 편성하는 것이 학습센터에서 공부하는 데 도움이 될까 하고 생각한다. 다음 과정은 필자가 학생들의 그룹을 구성할 때 주로 사용하는 방법이다. 학습센터를 통해 수업을 하는 교실이나 센터 없이 협동학습을 하는 교실에서나 사용될 수 있는 지침이다. 교사는 학기 초 학생들의 그룹을 편성하는 데 책임을 져야 한다. 그러다가 학년말이 가까워지면서 (학생들의 사회적 기능이 보다 향상되면), 학생들은 스스로 그룹 구성원들을 선정할 수 있게 된다. 각 그룹은 일반적으로 3명, 4명, 또는 5명 정도로 구성되며, 다음 사항을 고려하여 편성한다.

1. **이질 능력 그룹**: 필자는 의도적으로 언어 능력이 높은 학생들과 낮은 학생들을 섞어 한 그룹을 편성한다. 또한, 기능 측면에서도 수준이 다른 학생들을 섞어 그룹을 편성한다. 예를 들어, 미술 기능이나 음악 기능이 매우 높은 학생들을 적어도 한 명씩 각 그룹에 배치한다.

2. **이질 성별 그룹:** 필자는 적어도 남학생 한 명과 여학생 한 명씩은 각 그룹에 배치한다. 지난 몇 년 동안 경험한 바에 의하면, 같은 성별로 그룹을 편성하는 것보다 성별을 달리하여 그룹을 구성했을 때 소그룹에서 과제를 수행하는 데 더 오래도록 집중하는 경향이 높았고, 산출물을 더 많이 만들어 내며, 사회적 문제를 보다 적게 일으켰다.

3. **그룹에서 역할 결정**: 협동학습 전문가들은 그룹에서 구성원들의 역할을 구체적으로 지정해 주도록 권장하고 있지만, 필자는 이렇게 하는 것이 오히려 역효과를 가져오기도 한다는 것을 종종 목격하였다. 예를 들어, 앞서 서문에서 소개한 리처드의 경우 만약 그가 협동학습 그룹에서 서기로서 공부한 것을 정리하는 역할을 지정받았다면 그의 음악적 재능은 표출될 기회를 갖지 못했을 수도 있다. 다만, 대인관계지능 학습센터에서는 필자가 의도적으로 사회적 기능을 연습할 수 있도록 역할을 지정해준다.

4. **월간 시간표:** 교사들은 학생들이 함께 그룹 활동을 함에 있어 타임 테이블을 다양하게 운영해보았는데, 매월 초에 새로운 그룹을 출발시켰을 때 가장 성공적이었음을 알게 되었다. 한 달 정도이면 그룹 구성원들 사이에 서로 알게 되고 서로 잘 어울려서 학습하는 데 충분한 시간이었다. 특정 그룹에서 너무 오래 묶여 있다고 느끼는 사람이 아무도 없으면 너무 기간이 짧은 것이다. 한꺼번에 단 4주 동안 함께 공부함으로써 학생들은 자기 반의 모든 학생들을 서로 알게 되는 기회와 다양한 성향의 급우들과 함께 협력적인 기술을 연습할 기회를 가지게 된다.

5. **센터의 활동 시간 동안 그룹에서 이동 않기:** 학생들은 학습센터들을 이동할 때 대개 배정된 그룹 내에서 보내야 한다. 이러한 그룹 구성은 학생들의 행동 문제를 최소화한다. 필자는 시간이 흐르면 이 규칙에 보다 융통성을 부여하여 일부 학생들은 자신의 그룹 구성원들보다 짧게라도 앞서 이동할 수 있도록 하고, 일부 학생들은 상황이 요구하는 것에 따라 해야 할 것을 마칠 때까지 뒤에 머물도록 한다.

다중지능 프로그램의 시작

교사들은 흔히 묻곤 한다. "다중지능 프로그램을 어떻게 시작해야 할까요? 다중지능에 대한 아이디어는 좋아하지만 어디에서 어떻게 시작해야 할지 모르겠어요." 무엇보다도 먼저, 교사가 이미 다중지능을 학생들의 학습활동에 접목하고 있는 부분을 확인하는 것이 중요하다. (단순히 간과하거나 회피하는 영역을 찾아내는 것 또한 중요하다.) 그 다음으로, 다중지능을 접목해 가르치는 것이 일반적 수업방법보다 더 많이 영향을 미친다는 것을 알아야 한다. 다중지능을 접목해 가르치는 것은 교사의 학생을 보는 시각, 교육과정 개발과 학생의 학습 결과를 평가하는 것 등에 영향을 미친다. 흥미롭게도, 다중지능은 교사 자신에 대한 인식에도 영향을 미친다. 다중지능 프로그램을 시작하는 데 있어서 추천할 점은 다음과 같다.

1. **다중지능 환경 조성:** 다중지능을 활용한 개별화수업을 하는 교실을 조성할 때 첫 번째 단계는 물리적 환경을 향상시켜 다양한 방법으로 학습할 수 있도록 교실을 조정하는 것이다. 보다 넓은 공간을 확보하기 위해 책상과 테이블을 바꾸기도 한다. 일부 교사들은 기존의 가구를 간단히 재배

치함으로써 소그룹, 전체 학급, 개별 학습 등을 위한 공간을 확보하기도 하고, 일부 고등학교 교사들은 단원과 수업을 공동으로 계획하고, 필요에 따라 드라마 무대나 과학실험실을 장점을 활용하기 위해 다른 교사들의 교실을 실제로 활용하기도 한다.

필자는 프로그램을 실행하기 위해 학교 관리인에게 필자 교실의 책상을 모두 끄집어내고 대신 테이블로 교체해줄 것을 요청하였다. 관리인이 찾아낸 테이블은 교실 공간에 맞지 않았으며 상태도 좋지 않았다. 하지만, 학생들을 테이블에 앉히는 것만으로 교사로서 필자의 역할을 바꾸어 버렸다. 30명이 넘는 학생들의 책상으로 가득 채워졌던 교실보다 훨씬 넓은 공간이 마련되었다. [그림 1.1]은 필자의 교실 공간이 조직된 모습을 보여주고 있다.

물리적인 환경의 변화와 더불어 교사는 다양한 학습 자료를 수집하여야 한다. 각각의 지능과 관련된 조작적 학습 자료를 가지고 학습활동을 해야 하기 때문이다. 이 절의 마지막 부분에 추천한 자료들의 목록이 제시되어 있다.

2. **교육과정 단원 확인:** 대부분의 학교 교육과정은 주 정부가 제시하는 교육과정과 지역 교육청에서 제시하는 교육과정의 범위와 계열에 따라 결정된다. 일부 교사들은 주제 중심으로 가르치기도 하고 다른 교사들은 분절된 교과 중심으로 가르치기도 한다. 하지만, 교육과정으로서 접근한다면, 필자는 주제 중심 교육과정 개발을 권장한다. 주제 중심 교육과정을 개발하기 위해서는 먼저 교육과정에 나타난 중요한 주제를 파악하고, 이어 학생들에게 반드시 가르쳐야 할 중요 개념과 기능을 결정해야 한다. 그리고 나서 주 정부가 제시한 교육과정에 근거하여 수업계획과 평가계획을 수립한다. 예를 들어, 한 분기 동안 가르칠 주제가 지구와 우주공간에서의 운동이었다. 이 과학 단원은 물질의 구조와 물체, 힘, 운동 사이의 역학 관계를 다루었다. 수업 주제는 '혜성은 무엇이며, 어떻게 움직이는가?'였다. 필자는 교육과정에 나타난 개념과 수업을 확인한 후에 다중지능을 활용한 개별화수업을 계획하였다. 교사들은 학생들의 읽기와 쓰기에 대해 다시 한 번 강조하면서 다양한 방법으로 혜성에 대해 가르친다.

3. **목표한 결과 확인:** 교사가 가르치고자 하고 학생들이 배워야 하는 것을 아

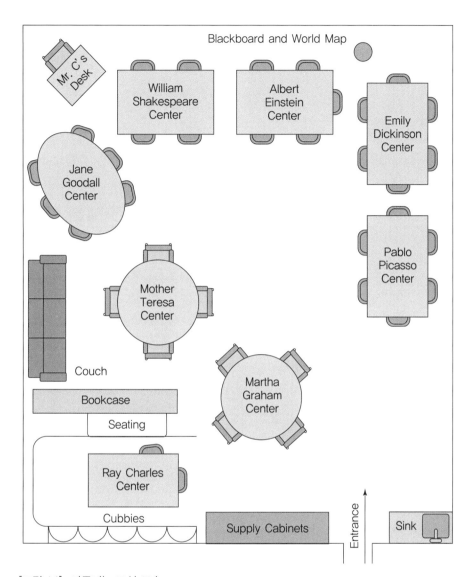

[그림 1.1] 다중지능 교실 모습

는 것과 더불어, 필자는 학생들에게 필자가 기대하는 결과에 대해 안내한
다. 필자는 학습을 통해 학생들이 알아야 하는 것과 그들이 단원을 공부
한 후에 할 수 있어야 하는 것을 확인한다. 다중지능을 활용한 개별화학
습을 하는 데 있어서 내재된 도전적인 일 중의 하나는 내용을 가르칠 다
양한 방법을 찾는 것이다. 다중지능을 활용하여 가르쳤던 처음 일 년 동
안 필자는 학습에 있어서 각각의 지능을 활용하는 활동들을 만드는 데 온
갖 노력을 다 쏟아 부었다. 하지만 일부 활동들은 활동 자체에 그치고 말
았다. 그 활동들은 학생들에게 가치 있는 경험을 제공하지 못했다. 교사

가 학생들의 학습 특성에 따른 능력인 학습 준비도에 기초하여 학생들이 알아야 하는 가장 가치 있는 것이 무엇인가를 결정해야 한다는 것을 깨달았다. 가치 있는 결과물로 시작하는 것은 교사가 더 의미 있는 방법으로 가르치는 법을 결정해 준다. 필자가 해온 몇몇 개별화 결과물은 연구 보고서를 쓰는 것, 콜라주를 만드는 것, 인터뷰를 하는 것, 3부로 나눠진 리듬을 만드는 것, X축과 Y축으로 이루어진 이차원 그래프를 그리는 것 등을 포함한다.

4. **다중지능 교수전략 계획:** 다중지능을 접목한 수업을 통해 바람직한 내용을 제시하고 학생에게 개별화된 방법을 통해 실제적인 수업을 할 수 있게 한다. 예를 들어, 학생들은 식물과 동물을 각각의 생태계 시스템에 따라 분류하는 동안에 시각적으로 정보를 조직하는 방법을 배울 수 있다. 학생들을 가르치기 위해 다양한 방법으로 생각하는 것은 시간이 걸리기 때문에 필자는 제3장에 나와 있는 다중지능 전략 목록들을 참고할 것을 권한다. 이들 목록들은 개별화수업을 계획하는 데 필요한 자료로서 활용될 수 있다. 필자의 경험에 의하면, 개별화수업을 시작한 지 몇 달이 지난 후에 여러 방법을 활용하여 수업을 계획하게 되면 이어서 두 번째 국면에 접하게 된다.

5. **다양한 평가 도구 활용:** 개별화를 통해서 모든 내용을 충분히 가르칠 수 있듯이 개별화 방법을 통한 평가도 이루어질 수 있다. 필자는 매우 다양한 평가도구를 사용한다. 여기에는 포트폴리오, 미술 작품, 노래, 학생들의 프로젝트를 담은 비디오테이프 등이 포함된다. 평가에 대한 결정을 하는 데는 반드시 학생들이 참여해야 한다. 학생들이 평가를 받기 위해서는 교사의 도움을 받아 학습 결과물을 평가하는 데 사용할 평가 기준을 학생들 스스로 만들어야 한다. 이와 더불어 평가표도 만들어야 한다. 평가 요소가 어떻게 구성되어 있는지 미리 알게 되면 학생들은 자기 작품에 모든 기준을 적용할 수 있게 된다.

6. **학생 개개인의 강점 확대를 위한 계획:** 학생들이 여러 가지 다양한 활동에 참여하고 있는 동안 교사들은 학생들을 계속해서 관찰해야 하며, 학생들이 어떤 활동들을 좋아하고, 어려워하며, 또 피하려고 하는지도 관찰해야 한다. 이렇게 함으로써 학생들의 강점을 약점에 접목하기 위한 방법을 알 수 있다. 예를 들어, 필자의 학생 중 하나인 제이슨은 기계적인 과제는 즐

접지만 작문은 불가능하다는 것을 알게 되었다. 필자는 제이슨에게 기계의 부품들에 대한 사전을 만들어 보도록 하였다. 제이슨은 사전을 만들었으며, 자동차 기름을 어떻게 교환하는지에 대한 설명을 글로 쓰기까지 하였다.

학생들의 강점을 향상시키는 방법을 계획하는 것은 독립적인 프로젝트를 통하여 쉽게 성취할 수 있다. 이때는 학생들로 하여금 학교의 클럽활동과 같은 심화학습 활동에 참여하도록 격려하거나 도제 수업의 일환으로 소그룹의 학생들과 함께 공부할 수 있도록 전문가를 초빙하기도 한다.

7. **아이디어 공유:** 다중지능을 접목한 개별화수업을 계획할 때는 동료 교사, 교장과 교감, 학부모, 그리고 가장 중요한 학생들과도 교사 자신의 의도나 노력과 질문 등을 공유함으로써 피드백이나 더 세련된 생각을 제공받아야 한다.

개별화수업, 다중지능이론 학습 환경에 관한 참고 자료

개별화수업을 하는 교실에서도 활용할 수 있는 기본적인 자료가 있다. 대부분의 자료는 이미 대부분 학교에 배포되어 있다. 이러한 자료는 학생들이 즉시 활용할 수 있도록 준비되어야 할 필요가 있다. 교사들은 자료를 공유하고 돌려 활용할 수 있다. 학생들은 필요한 자료를 가정에서 가져올 수도 있다.

다음 페이지에 다중지능 활동에 참여하게 하기 위해 제안된 자료를 간략하게 쓴 목록표가 제시된다. 교실에 모든 자료를 한꺼번에 반드시 다 갖추어야 하는 것은 아니다. 그러나 중요한 것은 가능한 한 다양한 자료를 많이 갖추어야 한다는 것과 학생들이 이를 활용하여 공부할 수 있는 기회를 많이 제공해야 하는 것이다.

필자는 [그림 1.2~1.9]에서 다중지능 자료의 목록을 제시했다. 첫째 칸의 목록은 각 지능을 가르칠 때 적당한 자료이다. 교사는 둘째 칸에 최근에 갖추고 있는 물품을 관리하기 위해 표시를 할 수 있다. 셋째 칸에는 교사가 앞으로 갖추어야 할 물품을 지정하기 위해 별표를 달아 둘 수 있다. 필자는 지역교육청에서 보조해주는 약간의 연간 지원금으로 구입한 2년 여 동안에 걸쳐 수집한 대부분의 다중지능 자료를 누적하여 보관한다.

언어지능을 위한 자료

자료명	이미 구입시 ∨ 표시	구입 희망시 ★ 표시
읽기 자료		
일반서적		
신문		
참고 문헌		
백과사전		
사전류		
동의어 사전		
다양한 잡지		
학생들이 만든 책		
학생들이 선정한 읽기 자료		
게시판 및 공고판		
단어 모빌		
문장 띠		
포켓 차트		
영어 학습자를 위한 자료		
쓰기 자료		
종이, 펜, 연필		
편지 스텐실		
공책		
컴퓨터		
데스크탑 출판용 소프트웨어		
프린터의 북마킹 자료		

[그림 1.2] 언어지능을 위한 자료

논리수학지능을 위한 자료		
자료명	이미 구입시 ∨ 표시	구입 희망시 ★ 표
수학 자료		
수를 세는 데 쓰는 물체		
패턴 막대(pattern blocks)		
Unifix® 정사면체		
지혜의 판(tangrams)		
수수께끼		
전략 게임(strategy games)		
블록		
Cuisenaire® 막대		
주사위		
분류를 하기 위한 물체 모음		
건축 세트		
측정 도구		
자		
각도기		
줄자		
천칭		
계량컵		

[그림 1.3] 논리수학지능을 위한 자료

신체운동지능을 위한 자료

자료명	이미 구입시 ∨ 표시	구입 희망시 ★ 표
희극과 움직임을 위한 소품		
장식 리본		
모자, 스카프, 망토		
의상		
잡동사니 소품: 여행 가방, 우산 등		
조작용 자료		
건축 세트		
쌓기 블록		
연결 블록		
꼭두각시 인형		
도구		
건축 자료		
옷감 및 바느질 자료		
퍼즐		
보드 게임		
공예 물품		

[그림 1.4] 신체운동지능을 위한 자료

시공간지능을 위한 자료

자료명	이미 구입시 V 표시	구입 희망시 ★ 표
미술 자료		
페인트		
진흙		
마커, 크레용		
콜라주 재료		
파스텔, 색연필		
스텐실		
고무 도장		
제도용 재료		
시각 자료		
차트		
포스터		
다이어그램		
그래프		
퍼즐		
미술 프린트		
플래시 카드		
그래픽 소프트웨어		
비디오테이프		
비디오 장비		

[그림 1.5] 시공간지능을 위한 자료

음악지능을 위한 자료

자료명	이미 구입시 V 표시	구입 희망시 ★ 표
청취 도구		
CD		
헤드폰		
녹음 도구		
CD 플레이어		
음악 소프트웨어		
악기		
키보드		
리듬 막대		
탬버린		
드럼		
집에서 만든 악기		
가벼운 타악기: 흔들이(shakers), 콩주머니		
현악기		

[그림 1.6] 음악지능을 위한 자료

대인관계지능을 위한 자료

자료명	이미 구입시 V 표시	구입 희망시 ★ 표
소그룹 활동을 촉진하기 위한 (책상 대신에) 테이블 또는 다른 좌석 배열		
그룹용 게임과 퍼즐		
협동하여 풀 수 있는 문제(예: 한 그룹이 다른 그룹을 가르칠 수 있는 요소가 들어 있는 학습 자료		
보드 게임		
협동학습을 위한 소프트웨어 프로그램		
자서전과 위인전		
갈등 해결 과정		
개인지도 기회		
그룹 프로젝트		

도구

[그림 1.7] 대인관계지능을 위한 자료

자기이해지능을 위한 자료

자료명	이미 구입시 V 표시	구입 희망시 ★ 표
혼자 공부할 수 있는 조용한 장소		
일지		
성격 개발과 개인의 정체성의 예화(삽화)가 들어 있는 이야기, 책, 뉴스 글		
개별 프로젝트		
개인적인 수집품 또는 옛 물건		
학생들의 강점과 기여점을 인식할 수 있게 만드는 게시판 또는 다른 수단		
도구		

[그림 1.8] 자기이해지능을 위한 자료

자연탐구지능을 위한 자료

자료명	이미 구입시 ∨ 표시	구입 희망시 ★ 표
돋보기 또는 루페(보석 세공·시계 수리용 확대경)		
꽃이나 나뭇잎을 압박시키는 물건		
(신문·잡지 따위의) 오려낸 것		
현미경		
식물, 동물, 곤충, 새, 나무 등에 관한 책		
자연 센터		
수집과 분류용 달걀 상자		
씨앗, 흙, 종이컵과 종이상자		
조개껍질, 돌멩이, 깃털 등		
도구		

[그림 1.9] 자연탐구지능을 위한 자료

다중지능을 활용한 개별화수업을 위한 학생과 학부모 준비

다중지능이론이 학생들이나 학부모들에게는 익숙하지 않은 이론이기 때문에 교사는 이들에게 지능이 존재할 수 있는 여러 양상에 대해 안내해야 한다.

제2장에서는 다중지능의 비유로서 하나의 이야기로 시작한다. 이 이야기는 각종 연수 모임에서 필자가 가드너의 연구를 교사들에게 소개할 때 들려주는 이야기인데 학생들에게 문제를 해결하는 데는 많은 방법이 있다는 것을 이해하도록 도와주기 위해 들려주기도 한다. 이야기 다음에는 가드너 이론에 대한 쉬운 설명을 볼 수 있는데, 이는 4학년에서 12학년 사이에 있는 학생들을 위한 것이다.

이어, 다중지능 교육 프로그램에 대한 설명을 위해 학년 초에 학부모에게 전달할 편지의 예를 제시하였다. 학생들로 하여금 가장 좋아하는 학습방법을 생각해서 응답하도록 요구하는 학생용 질문지를 볼 수 있다. 마지막으로, 다중지능에 관한 수업 지도안이 이 책에서 처음으로 제시된다. 이 수업 지도안에서는 학생들의 지능을 모두 다 탐구하면서 다중지능에 대해 가르친다.

제2장의 내용

- ❦ '왕자': 다중지능에 대한 비유
- ❦ 학부모와 학생들에게 다중지능과 개별화수업에 대해 가르치기
- ❦ 다중지능이론: 학생들을 위한 해설
- ❦ 학부모에게 보내는 편지
- ❦ 학생용 다중지능 판별 검사지
- ❦ 다중지능에 의해 개별화된 여덟 분야 수업 지도안
- ❦ 다중지능 평가 기준표

'왕자' : 다중지능에 대한 비유

이 이야기는 학생들에게 다중지능을 소개하기 위한 것으로, 교사가 소리 내어 읽어 주거나 복사하여 학생들에게 읽도록 할 수 있다. 이야기의 줄거리는 왕자가 여행을 떠나 다양한 도전을 받게 되는데, 그가 갖고 있는 모든 지능을 총동원하여 도전을 극복한다는 내용이다.

교사나 이야기를 들려주는 사람은 다음과 같은 간단한 자료를 미리 준비해 둔다.

- 작은 동전(금화로 활용하기 위함) 주머니

- 작고 납작한 찰흙 조각과 짧은 막대(약 5~10cm)

- 돌멩이

- 작은 천칭

- 공 3개 또는 요술용으로 쓸 스카프(운동지능 문제를 보여주기 위해 손으로 부리는 간단한 요술은 요술공놀이로 대체할 수 있음.)

- 소지용 나침반

- 소형 거울

- 녹음기 또는 작은 플룻

- (학급 학생들 모두에게 충분히 나누어 줄 수 있는 양이 들어 있는) 사탕 주머니

- 돋보기

- 위의 모든 물품을 담을 수 있는 큰 자루

기울여 쓴 힌트는 내용에 나오는 소품으로서 활용하기 위한 것임. (이야기를 복사할 계획인 교사는 학생들에게 이야기를 들려주기 전에 기울여 쓴 안내를 지워버려도 된다.)

왕자 이야기

옛날옛날에 육지에서 멀리 떨어진 곳에 어린 왕자가 살고 있었습니다. 이 왕자는 어려서부터 승마, 사냥, 칼싸움뿐만 아니라 읽기, 쓰기, 셈하기, 음악 연주하기 등을 모두 배웠습니다.

어느 날, 한 지혜자—아주 지혜로운 사람—가 왕궁으로 와서 왕과 왕비 뵙기를 청했습니다. 이 지혜자는 왕과 왕비에게 아주 오래전에 그들의 왕국에서 잘못하여 빼앗긴 귀중한 보석 이야기를 해주었습니다. 그리고 왕자를 보내어 이 보석을 되찾아와야 한다고 설명하였습니다. 그러나 보석을 되찾아오는 것은 쉽지 않은 일이었습니다. 왜냐하면, 그 보석은 너무나 먼 육지에 있을 뿐만 아니라 사자 몸에다 독수리 발톱, 불을 내뿜는 뱀의 머리를 한 무시무시한 짐승이 지키고 있기 때문이었습니다.

왕과 왕비는 유일한 아들을 그렇게 위험한 곳에 보내는 것을 달갑지 않게 생각했습니다. 그러나 이 지혜자는 왕자를 보낼 것을 주장하였고, 마침내 왕과 왕비는 허락하였습니다. 왕자는 떠날 준비를 하였고, 떠나는 날 왕과 왕비는 왕자에게 각각 선물을 주었습니다. 왕이 금 동전이 가득 들어 있는 조그만 주머니를 주면서 현명하게 잘 쓰라고 말하였습니다. (*교사는 동전이 들어 있는 작은 주머니를 들어 올린다.*) 왕비는 보다 큰 자루를 주면서 자루 안에는 일곱 가지 선물이 들어 있다고 설명하여 주었습니다. 각각의 선물은 아주 필요할 때에만 쓰라고 하였습니다. (*동전과 돌멩이를 제외한 모든 물품이 들어 있는 자루를 들어 올린다.*)

왕자는 여행을 시작했습니다. 여러 날이 지난 어느 날 저녁 왕자는 산을 가로질러 가다가 한 도적떼에게 붙잡혔습니다. 도적은 왕자를 두목이 있는 동굴 속으로 데려가 그가 누구이고 왜 그들의 영역을 지나가고 있었는지 설명하라고 했습니다. 그들은 왕자가 두목에게 그의 임무를 잘 설명하면 계속해서 여행을 할 수 있을 것이고, 그렇지 않으면 바로 그날이 햇빛을 볼 수 있는 마지막 날이 될 것이라고 말했습니다.

두목 앞에서 왕자는 이야기하기 시작했습니다. 그러자 도적들이 웃기 시작했습니다. 왕자는 두목이 귀머거리여서 그가 한 말을 한 마디도 알아들을 수 없다는 것을 깨달았습니다. 어떻게 해야 할지 궁리하던 왕자는 처음으로, 어머니가 주신 자루에 손을 넣어 (*자루에 손을 넣는다.*) 작은 점토판을 꺼냈습니다. 그리고 '빼앗긴 보석을 되찾으러 가는 왕자' 라고 빠르게 적었습니다. 두목은 왕자의 재치에 감동해서 그가 계속해서 여행할 수 있도록 보내주었습니다.

왕자의 여행은 계속되었습니다. 며칠 후, 왕자는 꼭 건너야만 하는 망망대해를 맞닥뜨렸습니다. 항구에는 배가 한 척뿐이었고, 그 배의 선장은 어떠한 승객도 원하지 않는 무자비한 사람이었습니다. 왕자는 꼭 배를 타고 건너야 한다고 끈질기게 매달렸습니다. 마침내 선장은 배에서 내려 해변에서 돌멩이 하나를 집어 들었습니다. (*돌멩이를 집는다.*) 그는 왕자에게 만약 그가 금으로 정확히 그 돌멩이와 같은 무게를 만들어낸다면 그가 배를 탈 수 있게 해 준다고 했습니다. 하지만 만약 그가 실패한다면 그는 몇 달 후에나 올지 모르는 다음 배를 기다려야 한다고 말했습니다.

왕자는 두 번째로 왕비가 선물한 자루를 열고, 이번에는 작은 천칭을 꺼냈습니다. 그는 천칭의 한쪽에는 돌을 올리고 다른 쪽에는 아버지가 주신 금화를 올리면서 수를 세었습니다. (*천칭의 한쪽에 동전을 올리고, 다른 한쪽에는 돌멩이를 올려 균형을 맞춘다.*) 천칭이 수평을 이루었습니다. 그러자 이전에 도적떼 두목이 그러했듯이 선장도 왕자의 재치에 감탄했습니다. 그래서 왕자를 배에 태워 건네주기로 했습니다.

바다를 건너 오랫동안 여행을 한 끝에 왕자는 새로운 왕국에 도달할 수 있었습니다. 이 왕국은 먼 나라에서 온 방문객이 적었기 때문에 왕자는 큰 환대를 받았습니다. 왕국 사람들은 왕자가 불운으로 인해 슬픔에 빠져있는 왕을 만나고 가기를 원했습니다. 사람들은 왕자의 여행 이야기를 듣고 임금

이 기뻐하기를 바랐습니다. 왕자는 왕을 보는 순간 정말 절망에 빠진 사람이라는 것을 알아차렸습니다. 왕자는 이것이 또 다른 도전이라는 것을 알아차렸고, 세 번째로 어머니가 주신 자루를 풀어서 세 개의 요술 공을 끄집어냈습니다. (세 개의 요술 공을 끄집어내서 저글링(공놀이)을 시작한다.) 왕자는 공을 가지고 저글링을 했고, 이전에 한 번도 보지 못했던 기술인 저글링을 처음 본 왕은 즐거워했습니다. 그 왕 또한 왕자에게 축복을 내렸고, 그가 계속 여행을 하도록 보내주었습니다.

왕자는 계속해서 많은 날을 여행했습니다. 여행을 하면서 왕자는 많은 보물이 있는 요새 이야기를 듣게 되었습니다. 이야기에 따르면 그 안에는 특별히 큰 보석이 있다고 했습니다. 왕자는 그 보석이 바로 자기 백성들의 것이라는 것을 알아차렸습니다. 여행을 계속 하는 동안, 그 요새 안에는 무서운 짐승이 있고, 많은 탐험가들이 그 곳에 들어갔다가 다시 나오지 못했다는 이야기도 듣게 되었습니다.

마침내 왕자는 그 커다란 요새에 이르렀습니다. 벽은 끝이 보이지 않게 길게 양쪽으로 늘어져 있었고 출입구를 찾을 수 없었습니다. 출입구를 찾던 왕자는 길에서 장작더미 큰 묶음을 가지고 힘들어하는 노파를 발견했습니다. 왕자는 즉시 달려가 그 노파를 도와주었고, 그 장작을 집까지 들어다 주고 장작더미로 쌓아 올려 주었습니다.

노파는 왕자의 도움에 대한 보답으로 요새의 출입구를 알려주었을 뿐만 아니라 큰 미로를 발견할 것이라고 말하였습니다. 또한 노파는 이 전에도 많은 사람들이 미로에 들어갔지만 나온 사람은 없다고 했습니다. 만약 살고 싶다면, 처음 북쪽으로 향하는 입구에 들어서 동쪽으로 꺾을 때까지 앞으로만 걸어가고, 동쪽으로 꺾은 후에는 남쪽으로, 남쪽으로 꺾은 후에는 서쪽으로 꺾어 가라고 일러주었고, 이런 방식으로 계속해서 가면 미로의 중심부에 도달할 것이라고 일러주었습니다.

왕자는 노파에게 감사하고 요새로 돌아가 입구를 찾았습니다. 하지만 들어간 순간 모든 방향감각을 잃었습니다. 그래서 네 번째로, 왕자는 어머니가 주신 자루에 손을 넣어 작은 나침반을 꺼냈습니다. (나침반을 꺼낸다.) 왕자는 나침반을 이용하여 노파가 말해준 북-동-남-서 방향으로 계속 걸어갔습니다. 그리고 마침내 미로의 한가운데에 도달했습니다.

미로의 가운데에는 엄청난 산더미 같은 보물이 있었습니다. 보물 더미의 맨 꼭대기에는 빛나는 보석이 하나 있었는데, 왕자는 이것이 자신의 여행 목적이라는 것을 알아차렸습니다. 하지만 보물을 지키고 있는 것은 그가 상상했던 것 이상의 끔찍한 짐승이었습니다. 이 짐승은 크고 붉은 눈은 번뜩였고, 불을 내뿜었으며, 그 짐승 주위에는 왕자 이전에 찾아온 자들의 시체가 널려 있었습니다.

그 짐승은 누군가가 미로 속에 왔다는 것을 알아차리고 울부짖다가 일어나기 시작했습니다. 작은 검이 화난 이 짐승 앞에서는 소용 없다는 것을 깨달은 왕자는 자루에 손을 넣어 작은 나무 플롯을 꺼냈습니다. 왕자는 어렸을 적에 유모가 불러주었던 오래된 자장가를 빠르게 불기 시작했습니다. (플롯으로 간단하고 부드러운 멜로디를 연주한다.) 그 짐승은 멈춰서 멜로디를 듣기 시작했습니다. 왕자가 계속 연주하자 짐승은 음악에 마음이 누그러져 움직임이 둔해지다 행동을 멈췄습니다. 그리고 마침내 눕더니 잠에 빠졌습니다. 왕자는 계속 연주하면서 끔찍한 짐승을 가로질러 기어가, 원래는 그의 나라의 것이었던 그 보물을 집었습니다. 그리고 왔던 길을 되돌아 미로를 빠져 나왔습니다.

고향으로 돌아가는 여행길에서 그 왕자의 명성은 널리 퍼졌습니다. 왕자에게 위험에 처한 여행자들을 돕고 곤경에 빠진 마을을 도와달라는 요청이 여기저기에서 들어왔습니다. 어느 날 저녁, 왕자가 황량한 길을 걷고 있을 때, 너무 배회한 끝에 원래 가려 했던 길에서 너무 멀어져 길을 완전히 잃었다는 것을 깨달았습니다. 왕자가 우연히 유랑민들을 만난 것은 바로 그때였는데, 그들은 그처럼 배회했지만 매우 가난하고 굶주려 있었습니다. 왕자는 그들이 자신을 도울 수 있을 거라 생각했습니다. 하지만 왕자가 그들에게 어떤 도움을 요청하기 전에 왕자는 그들을 위해 먼저 무엇인가를 해주어야 했습니다. 그래서 왕자는 여섯 번째로 자루에 손을 집어넣어 작은 주머니를 꺼내 방랑자 한 명에게 건넸습니다. 그 사람은 주머니 안에서 무언가 좋은 것을 찾았습니다. (사탕주머니를 관중 한 명에게 건넨다.) 그리고 차례로 그 주머니를 다른 사람들에게 돌렸고 그 사람들도 각각 무언가 즐거운 것을 하나씩 찾아냈습니다.

유랑민들과 왕자는 쉽게 친구가 되었습니다. 그들은 왕자에게 왕국으로 향하는 길을 알려주고 동행도 해주었습니다. 그들은 왕자와 함께 동행을 계속하여 왕자의 왕국 언덕을 보는 날까지 같이 여행했습니다. 그러나 슬프게도 마지막 장애물이 왕자 앞에 어렴풋이 나타났습니다. 땅에서 엄청난 균열이 열렸고, 뜨거운 용암이 앞으로 쏟아져 나왔으며, 볼 수 있는 곳이면 어디나 퍼졌습니다. 열과 용암의 강물보다 더 왕자가 두려워하는 것은 없었습니다. 왕자는 절망에 빠진 채 주저앉아서 실패하지 않고 어떻게 지금까지 여행을 했는지 생각했습니다.

왕자가 앉아있을 때, 함께 했던 사람 중 한 명이 다가와서 왕자에게 용암을 건너는 방법에 대해 말해 주었습니다. 그러나 누구도 왕자에게 그것이 무엇인지 말할 수 없었습니다. 오히려, 왕자는 스스로 그것을 찾아야만 했습니다. 그리고 곧, 일곱 번째로 어머니가 준 자루에 손을 넣어 작은 거울을 꺼냈습니다. 거울에 비친 자신을 보며 왕자는 오직 그 용기와 결단만이 마지막 도전을 이겨낼 수 있다는 것을 깨달았습니다.

왕자는 일어나서 자루를 집어 들었습니다. 뜨거운 용암을 쳐다보지 않았으며, 상처도 입지 않고, 멀리 왕국을 바라보면서 반대쪽으로 걸어갔습니다.

그렇게 왕자는 왕국으로 되돌아와 영웅으로 환영을 받았습니다. 그리고 시간이 지나 왕이 되어 나라를 현명하고 공평하게 다스렸습니다. 수년이 흐르고 수세대가 지난 후 왕자는 친절한 왕으로서뿐만 아니라 많은 방법으로 많은 문제를 해결한 능력 있는 왕으로 기억되었습니다.

왕자 이야기는 여기가 끝입니다. 하지만, 후편이 있습니다. 수년 동안 왕으로 살다가 나이가 들자 왕자는 왕위를 아들에게 넘겨주었습니다. 왕자는 말년에 모든 여행에 관한 이야기를 쓸 결심을 하였습니다. 여기에는 그가 여행했던 모든 나라의 식물과 동물에 관한 이야기가 포함되어 있습니다. 이 책은 그 후로 수년 동안 읽혔으며, 마침내 왕자는 위대한 왕이자 문제 해결사의 한 사람으로뿐만 아니라 위대한 자연 과학자로 후세들이 기억한답니다. (확대경을 끄집어낸다.)

이 이야기를 끝낸 후, 교사는 가드너의 다중지능이론을 설명할 수 있을 것이며, 학생들은 왕자의 도전에 각 지능을 연계시킬 수 있을 것이다.

학부모와 학생들에게 개별화수업과 다중지능 가르치기

다중지능이론에 대한 간단한 설명을 만들어 두면 학생들이 읽을 수 있고 학부모들에게 보낼 수 있어 편리하다. 교사들은 다중지능에 관한 수업의 일환으로 다음과 같은 설명을 학생들에게 제공하고자 할 것이다. 다중지능에 관한 설명을 학부모들에게 보내면 자녀들이 학교에서 어떻게 배우고 '운동지능', '대인관계지능', '다중지능'과 같은 용어들이 무엇을 의미하는지 이해하는 데 도움이 될 것이다.

다중지능이론: 학생들과 학부모들을 위한 설명

교사로서 필자는 학생들이 많은 강점을 지니고 있다고 믿는다. 모든 학생이 개개인마다 똑같은 방식으로 영리해지는 것은 아니다. 학생들은 자기 자신만의 재능을 갖고 있고, 그 재능을 다른 사람들과는 다르게 사용하고 표현한다. 학생들이나 성인들이 학습하는 방법에 대한 필자의 생각은 다중지능이론에 근거하고 있으며, 그 다중지능이론은 하버드대학교 심리학자인 가드너(Howard Gardner)에 의해 개발되었다. 가드너도 필자와 마찬가지로 사람들은 여러 가지 방법으로 영리해질 수 있다고 믿는다. 다중지능이론에 관한 설명은 다음과 같으며, 필자가 학생들에게 개별화수업을 적용하는 데 영향을 준 아이디어에 관해서도 제시할 것이다. 먼저, 몇 가지 용어를 설명하면서 시작하고자 한다.

- *이론(theory)*은 특정한 것들이 어떻게 일어나고 왜 일어나는지 설명을 시도한다. 간단한 이론의 한 실례는 만약 한 사태가 일어나면 그 사태는 다음 사태를 일어나게 만드는 '도미노 이론'이다.

- *다중(multiple)*이란 '많다'는 것을 의미한다.

- *지능(intelligence)*이란 배우고 문제를 해결하며 보다 영리해지기 위한 능력을 말한다.

- *심리학자(psychologist)*는 사람들이 어떻게 생각하고 어떻게 활동하는지를 연구하는 과학자이다. 가드너는 새로운 지능이론을 창시한 하버드대학의 심리학자이다.

- *다중지능이론(theory of multiple intelligences)*은 사람들이 배우고 문제해결하며, 보다 영리해지는 데에는 많은 방법이 있다고 한다. 다중지능이론은 심리학자 가드너에 의해 제시되었다. 가드너는 다중지능이론을 통하여

적어도 여덟 개의 지능이 있으며, 사람들이 영리하게 되는 데에는 한 가지 이상의 길이 있다고 말하였다. 가드너는 이러한 지능을 다음과 같이 설명하였다.

1. **언어지능(Linguistic intelligence)**은 말로 생각하는 능력을 말하며, 아이디어를 표현하는 데 언어를 활용한다. 작가, 시인, 대변인, 아나운서는 언어지능의 가장 대표적인 사람들이다.

2. **논리수학지능(Logical-mathematical intelligence)**은 계산을 하거나, 측정, 논리의 사용, 수학과 과학의 문제를 푸는 능력을 말한다. 과학자, 수학자, 회계사, 탐정 등은 이 지능에 의존한다.

3. **신체운동지능(Bodily-kinesthetic intelligence)**은 능숙하게 신체와 손을 사용하는 능력을 말한다. 댄서, 운동선수, 외과의사, 곡예사, 장인(匠人)들은 그들의 직업에 신체운동지능을 사용한다.

4. **시공간지능(Visual-spatial intelligence)**은 그림을 통해 생각하는 능력과 모양, 색깔, 크기 등으로 이미지나 디자인을 보거나 창조하는 능력을 말한다.

5. **음악지능(Musical intelligence)**은 음률의 높이, 리듬, 음의 색깔 등을 듣고 활용하는 능력을 말한다. 가수, 음악가, 작곡가, 숙련된 청취자 등은 이 지능을 잘 보여준다.

6. **대인관계지능(Interpersonal intelligence)**은 다양한 방법으로 다른 사람들을 이해하며 어울리는 능력을 말한다. 교사, 감독, 종교인, 배우, 사회복지사, 정치가 등은 이 지능을 사용한다.

7. **자기이해지능(Intrapersonal intelligence)**은 자신의 감정과 세상에서 자신의 위치를 이해하는 능력이다. 철학자, 심리학자, 극작가 등은 이 지능을 사용한다.

8. **자연탐구지능(Naturalist intelligence)**은 자연세계 내에서 패턴, 즉 식물의 성장, 동물의 행동, 암석, 구름 등을 보는 능력이다. 생물학자, 수의사, 암석 수집가, 환경주의자 등은 이 지능을 사용한다.

가드너는 더 많은 지능이 있을 거라고 주장한다. 예를 들어, 그는 종교 또는 정신적으로 해야만 하는 실존주의적인 지능에 대해 이론화하였다. 언젠가는 더 많은 형태의 지능들이 확인될 것이다.

모든 사람들은 모든 지능을 가지고 있다. 그러나 사람들에 따라 어떤 지능을 더 많이 사용하고, 다른 사람들은 다른 지능들을 더 많이 사용한다. 지능은 나이에 상관없이 나타난다. 특정 지능은 심지어 어릴 때는 두드러지지 않다가, 나이가 들어서야 실제로 더 드러나기도 한다. 어떠한 지능도 연습과 노력에 의해서 발달시킬 수 있다.

기억해야 할 중요한 것은 모두가 각자 다른 능력을 가지고 있고 각자의 독특한 방법으로 생각하고 배운다는 것이다. 필자의 교실에서는 학생들이 많은 방법으로 배울 수 있는 기회를 제공함으로써 그들의 강점을 극대화하고 그들이 더 잘하는 분야를 북돋아 주었다. 학부모들과 다중지능 학생들을 위해 도움이 될 수 있는 몇 가지 질문들은 다음과 같다.

가장 좋아하는 활동에는 어떤 것들이 있습니까?

좋아하는 활동을 할 때 사용하는 지능이 무엇입니까?

어떤 지능이 여러분의 강점이라고 생각합니까?

어떻게 이런 지능들을 발달시켜 왔습니까?

지능을 발달시키는 데 학교는 어떤 역할을 했습니까?

지능을 발달시키는 데 생활의 어떤 경험이 영향을 주었습니까?

일상생활에서 지능을 어떻게 사용하십니까?

어떤 지능을 더 발달시켰으면 좋겠습니까? 이런 지능들을 어떻게, 그리고 왜 사용하고 싶습니까?

학생들이 공부할 때 지능을 모두 사용할 수 있도록 도와주기 위해 학교에서는 어떻게 더 잘 할 수 있을까요?

학부모에게 보내는 편지

필자는 교실에서 무엇을 하고 왜 그렇게 하는지에 대해 학부모들에게 가정 통신을 보내 알게 하는 것이 도움이 됨을 알게 되었다. 다음 편지는 필자의 교실에 대해 설명하고 앞서 살펴본 다중지능 설명서를 동봉하여 함께 보낸다. 필자는 항상 학부모들로부터 필자의 편지에 대한 감사와 다중지능에 관한 관심을 표현하는 반응을 받아왔다. 필자는 결코 부정적인 응답을 받아본 적이 없다(맹세코!).

존경하는 학부모님들께

새로운 한 해를 시작하면서 올해에는 여러분의 자녀들을 어떻게 교육하려고 계획하는지 알려드리고자 합니다. 학생들 모두는 각각 자기 자신만의 독특한 관심과 능력을 가지고 있기 때문에 저는 올해 새롭게 도전하는 마음으로 한 해를 접근하고자 합니다. 그러한 도전은 학생들을 개별적으로 도와서 그들이 가장 잘 배우는 방법, 각자가 가지고 있는 재능을 극대화시키는 방법, 그들의 약점을 극복하기 위해 강점을 활용할 수 있도록 돕는 방법을 찾는 것입니다. 저는 이러한 도전들을 위해 교실을 조직하였습니다.

제가 교실을 새로이 조직하는 것은 독특합니다. 학생들로 하여금 매일 오전에는 학습센터에서 공부하도록 허용합니다. 학생들은 작은 그룹을 지어 센터에서 센터로 이동하면서 공부하며, 각 센터에서 그들의 학습 방법으로 그날의 수업에 대해 배웁니다. 학생들이 배우는 방법은 하버드대학교 심리학자인 하워드 가드너에 의해 개발된 이론에 근거합니다. 가드너는 저서인 『정신의 구조: 다중지능이론』에서 모든 사람들의 정신은 독특하고 우리 모두는 다른 방법으로 가장 잘 배운다고 했습니다.

이 편지에 가드너의 다중지능이론에 관한 설명서를 동봉했습니다. 학생들은 개학한 첫 주에 한 학습센터에서 이 설명서를 읽을 것입니다. 여러분들도 아시겠지만, 제 교실에서 학생들은 읽기, 쓰기, 수학을 통해서 배울 뿐만 아니라 음악을 만들고 들으면서, 미술 작품들을 만들고 감상하면서, 쌓아가면서, 움직이면서, 서로 교류하면서, 생각하면서 반성적으로 살펴보면서 공부하게 됩니다.

학생들은 학습센터에서의 학습과 더불어 매월 해야 하는 독립 프로젝트를 합니다. 이들 연구 프로젝트들은 학생들이 선택하며 준비하는 데 서너 주가 걸릴 것입니다. 학생들이 연구 프로젝트를 완성하면 배운 것을 차트와 다이어그램, 풍자극, 음악, 이야기, 그래프, 일정표, 모형, 노래, 비디오테이프, 학급 학생들이 풀어야 할 문제, 수수께끼 등을 활용하여 학급 친구들에게 가르치게 됩니다. 제 교실의 학습센터에서는 학생들에게 학업적인 내용뿐만 아니라 다양한 방법을 통해 학습방법의 학습 기술도 가르칩니다. 독립 프로젝트는 학생들이 가장 흥미를 가지는 주제에 관해 추구하도록 함으로써 내용 지식을 더욱 깊게 하고 학습 기술을 더욱 예리하게 합니다. 프로젝트 공부는 학생들을 재미있게 하고 공부하고 싶은 마음을 생기게 합니다. 학부모님들께서는 자녀들의 연구와 그들의 프로젝트 준비에 동참해 주시기 바랍니다.

마지막으로, 다양한 면에서 학생들을 가르칠 수 있는 재능을 갖고 계신 분들의 동참을 항상 기대하고 있습니다. 악기를 연주하시는 분이 계시는지요? 손재주를 갖고 계십니까? 어떤 특정 주제에 관해 많이 알고 계십니까? 또는 여러분이 하시는 일을 사랑하십니까? 저에게 연락을 주십시오. 여러분을 우리 교실에 초청하여 여러분의 재능이나 관심사를 학생들과 나눌 수 있도록 하겠습니다. 특히, 우리 교실에 방문해 주실 것을 부탁드립니다. 방문하시어 궁금한 것에 대해 질문도 해주시고, 학생들과 제가 교실에서 공부하는 일에 대해서도 더 알아봐 주시길 부탁드립니다. 금년에도 학부모 여러분 및 학생들과 함께 할 수 있기를 기대하면서 이만 줄입니다.

안녕히 계십시오.

학생용 자기 성찰 질문지

내가 현재 좋아하는 학습 방법은?

이름: _____

1. 학교에서 가장 좋아하는 과목은 무엇인가요? _____
2. 집에서 무얼 하면서 시간 보내기를 좋아하나요?
   _____
3. 무언가(읽기, 그리기, 무언가 행동하는 것 등)를 배울 때 어떻게 배우는 것을 좋아하나요? _____
4. 자신이 가장 잘한다고 생각하는 것 모두에 표시하세요.
   _____ 읽기
   _____ 토론하기
   _____ 일지 쓰기, 시 또는 다른 종류의 쓰기
   _____ 음악 (노래 부르기, 리듬, 음악 듣기, 악기 연주하기)
   _____ 미술 (그림 그리기, 색칠하기, 조각하기, 콜라주하기 등)
   _____ 수학 (계산하기, 문장제 풀기, 측정하기 등)
   _____ 움직임 활동 (연기하기, 춤추기, 저글링하기 등)
   _____ 쌓기 활동 (집 짓기 등)
   _____ 다른 사람과 함께 활동하기
   _____ 동물과 활동하기나 놀기
   _____ 혼자 활동하거나 다른 것에 대해 생각하기
   _____ 자연에서 활동하기
5. 위에 제시되지 않은 것 중 당신이 잘한다고 생각하는 다른 것을 적어보세요.
6. 당신의 가장 강력한 지능은 무엇인가요?

언어지능 _____	논리수학지능 _____
신체운동지능 _____	시공간지능 _____
음악지능 _____	대인관계지능 _____
자아성찰지능 _____	자연탐구지능 _____

7. 어떤 분야를 더 잘하고 싶나요? _____
8. 어떤 분야의 능력이 나아지고 있나요? _____
9. 어떤 과목을 더 공부하고 싶나요? _____
10. 학교나 수업을 더 흥미롭게 만들기 위한 개인적인 생각이나 제안이 있나요? _____

학생들에게 다중지능이론을 소개한 후 다중지능 검사지에 응답하도록 할 수 있다. 다중지능 검사지는 학생들의 강점을 반영하도록 하고, 학생들이 어떻게 배우기를 좋아하는지와 자신들의 능력에 대해 어떻게 인식하고 있는지에 대한 유용한 정보를 교사에게 제공해 준다.

만약 교사들이 다중지능 검사지를 수업하기 이전에 실시하면 1년 동안 학생들이 어떻게 변화되었는지를 측정할 수 있는 일반적인 정보를 얻을 수 있다.

필자가 교실에서 학년 초에 다중지능검사를 실시해보면, 대부분의 학생들은 두 가지에서 네 가지 정도의 학습 방법을 선호하는 것을 알 수 있다. 학생들이 1년 내내 여덟 가지 지능 모두를 통해 배울 수 있는 기회를 가지게 되면 그들의 학습 선호도는 더 높아진다.

학년 초에 다중지능검사를 실시하고 1년에 한두 차례 더 실시하면, 교사들은 학생들의 학습 선호도와 재능에 대한 인식이 어떻게 변화되었는지를 확인하는 데 도움을 받을 수 있다. 하지만, 다중지능검사는 여타 다중지능 검사지나 질문지와 마찬가지로 타당성이나 신뢰성을 확실히 확보한 것은 아니다. 이 다중지능 검사지는 단지 교실의 학생들에 대한 다른 관점을 제공할 뿐이다.

제1과: 다중지능에 관한 개별화된 여덟 분야 수업

이 수업 지도안은 이 책에서 처음으로 제시되는 개별화수업 계획이다. 여기에 제시하는 목적은 학생들에게 다중지능을 안내하는 것이다. 권장하고 있는 활동은 순서를 얼마든지 바꿀 수 있으며, 전체 학급으로 또는 각 학습센터별로 가르칠 수 있다. 그리고 각 센터에서의 활동에 대한 안내에 대해 써 놓았다. 학생들이 원한다면 활동지를 복사하여 학생들에게 나누어 주어도 좋다.

> 교과 영역: 과학, 건강
> 주요 개념: 다면화된 인간의 지능
> 가르칠 원리: 개인은 독특한 인지 정보
> 단원: 우리 몸, 우리 두뇌, 우리 능력
> 학년: 3~12

필요한 자료

자료를 복사하여서 학생들이 이용할 수 있도록 제공한다.

1. 언어지능 활동을 위한 '다중지능이론: 학생과 부모를 위한 설명'

2. 모든 학생들을 위한 논리 · 수학적 이야기 문제

3. 대인관계지능 활동을 위한 8명의 유명한 사람에 관련된 정보

4. 자기이해지능 질문지

5. 각 학생들의 시공간지능 활동을 위해 빈 공간이 있는 파이 도표

6. 소그룹 학생들이 사용할 간단한 악기

언어지능 활동

학생들이 '다중지능이론: 학생과 부모를 위한 설명'을 읽음으로써 시작한다. 내용을 읽은 후 학생들은 영리하게 된다는 것에 대해 토론하고, 각자 자신의 가장 강한 지능에 대한 이야기도 하며, 하나 혹은 그 이상의 뛰어난 지능을 가진 사람들 중에 알고 있는 사람들에 대해서 이야기한다.

논리수학지능 활동

학생들은 다음 문제를 푼다.

가브리엘, 다니엘, 그레이스, 마리아, 리, 쿠마르, 산드라, 자말은 모두 자말의 집에서 교사가 가정학습으로 안내한 문제들을 풀고 있다. 학생들은 각각 한 형태의 지능에서 특별한 재능을 갖고 있다.

가브리엘은 가장 신체적으로 왕성하며 문제를 푸는 동안 여기저기 돌아다니기를 좋아한다. 마리아나 리도 혼자 조용히 있기를 싫어한다. 그레이스가 자말에게 스테레오를 끄라고 요청했다. 다니엘은 어떠한 종류라도 공식을 활용할 수 없으면 문제 풀기를 좋아하지 않았다. 쿠마르는 미술 준비 재료들을 모두 가져왔다. 리는 많은 책 꾸러미를 가져왔다. 자말은 전체 그룹을 조정하는 데 바쁘다. 산드라는 모든 사람들의 하는 일에 관심을 주지 않고 오후에는 수집한 조가비들을 정리하는 데 시간을 보냈다.

어떤 학생들이 어떤 지능에 의해 활동하고 있습니까? 각자의 개인적인 강점을 다음에 쓰시오.

가브리엘 _____ 그레이스 _____

다니엘 _____ 리 _____

자말 _____ 쿠마르 _____

마리아 _____   산드라 _____

신체운동지능 활동

소그룹으로 학생들은 브레인스토밍을 통해 목수나 외과의사와 같이 신체적 기술을 필요로 하는 직업의 목록표에 해당되는 직업들을 찾아본다. 이러한 직업을 두 가지씩 확인하고, 간단하고 조용한 무언극을 하되, 선택한 직업을 수행한 사람들의 활동을 보여주어야 한다. 다른 그룹에 있는 학생들은 이 그룹이 무슨 직업을 나타내려고 하는지를 추측해내야 한다.

시공간지능 활동

학생들은 자신들의 지능에 관한 파이차트를 만든다. 파이차트는 여덟 가지 부분으로 나누어져야 한다. 각 부분은 그 지능을 가졌다고 인식하고 있는 학생들의 수와 같아야 한다.

예를 들어, 읽기, 쓰기, 이야기하기를 좋아하는 학생은 언어지능을 크게 표시하고, 노래, 악기 연주, 음악 감상 등을 못하면 음악지능을 작게 표시한다.

음악지능 활동

제공된 악기를 활용하여, 학생들은 다음의 가사를 가지고 리듬을 만든다.

다중지능은 정말 멋져~

아무도 바보가 아니라는 걸 의미하지~

누구든 자신을 찬사하는 노래를 할 수 있네~

다양한 면에서 우리 모두는 다 똑똑하기 때문이지~

대인관계지능 활동

학생들은 소그룹으로 나누고, 각 그룹에서 한 사람씩 선택하여 특정 지능을 대변하는 유명한 사람에 관한 정보 자료를 크게 읽도록 한다. 정보 자료를 모두 읽으면 학생들은 다음 사항에 관해 토의한다.

- 이 사람은 어떠한 지능을 보여주는가?

- 이 사람은 자신의 지능을 어떻게 표현했는가?

- 이 사람이 왜 유명한가?

- 비슷한 강점을 가진 다른 사람을 알고 있는가?

각 지능에 뛰어난 사람들의 특성

윌리엄 셰익스피어(William Shakespeare)

셰익스피어는 400년 전에 살았던 영국 작가이다. 그는 시와 희곡을 썼고 가장 훌륭한 극작가(극의 대사를 쓰는 사람) 및 역사상 알려진 영어를 사용한 가장 유명한 시인으로 숭상되고 있다. 그는 여전히 세상에서 가장 유명한 작가이다. 그의 극은 세계의 여러 나라에서 수천 번 공연되었다.

그의 가장 유명한 희곡에는 『리처드 3세』, 『로미오와 줄리엣』, 『맥베스』, 『햄릿』, 『한 여름 밤의 꿈』 등이 있다. 그는 희극, 비극, 역사극 세 종류의 극을 썼다. 『한 여름 밤의 꿈』은 희극이고, 『맥베스』는 비극, 『리처드 3세』는 역사극이다.

셰익스피어가 유명한 이유는 그가 사람들과 그들의 삶의 경험을 이해했기 때문이다. 그의 희곡에 등장하는 인물들이 모든 종류의 청중들에게 관심을 끌 수 있었던 것은 사람들이 일상생활에 접하는 질투, 권력 싸움, 사랑 등을 다루었기 때문이다.

앨버트 아인슈타인(Albert Einstein)

아인슈타인은 역사상 가장 훌륭한 과학자 중 한 사람이다. 그는 시간, 공간, 질량, 운동, 중력에 대해 연구했다. 그는 $E=mc^2$ (에너지 = 질량 × 빛의 속도)라는 공식으로 유명한데, 이 공식은 물질과 에너지는 형태만 다를 뿐 결국 같은 것이라는 것을 말한다. 이 공식을 통해 과학자들은 원자 에너지와 원자폭

탄을 발명하게 만들었다.

아인슈타인은 그의 이론을 수학적 계산을 통하여뿐만 아니라 심층적이고 반영적인 사고를 통해서 기술했다. 그는 철학, 음악, 정치에 매우 관심이 깊었다. 그의 이론으로 인하여 원자폭탄이 발명되긴 했어도 그는 여전히 세계 평화를 강력하게 원했다.

아인슈타인 이전의 과학자들은 빛을 파동의 일종으로 생각했다. 아인슈타인은 빛을 양자라고 불리는 입자의 작은 흐름으로 생각할 수 있다고 제안했다. 이 발견은 영화와 텔레비전의 발명을 가져왔다.

아인슈타인의 가장 유명한 발견 중의 하나는 시간과 공간에 관한 상대성 이론이다. 그는 만약 우주 여행자가 지구를 떠나 우주 멀리 여행을 간다면, 그가 돌아왔을 때 지구에 남아있었을 때보다 더 젊을 것이라고 결론지었다.

마르다 그래햄(Martha Graham)

마르다 그래햄은 미국인으로서 무용가이자 안무가(댄스를 만드는 사람)이다. 그녀는 현대 무용의 기초를 확립했으며 온 몸을 사용한 무용을 통해 내면적인 감정과 사고를 표현했다. 그녀의 무용 중 상당수는 거칠고 고르지 못한 동작을 요구하는 노여움, 공포, 증오와 같은 감정 때문에 품위가 없다고 여겨졌다. 1930년대, 1940년대, 1950년대 기간 동안 마르다 그래햄의 무용은 독특한 스타일로 청중들을 경악시켰다. 하지만, 그녀가 창출한 무용 때문에 사람들은 이것을 새로운 예술의 한 형태로 보기 시작하였다.

그래햄은 1900년대 초기 어린 소녀시절부터 무용을 시작하여 무려 80년이 넘도록 무용을 하였다. 그녀의 많은 무용은 신비, 여인의 경험, 미국의 시골이나 다양한 문화 출신 사람들의 경험으로 설명되었다. 그녀는 무용이 우리의 내부적인 감정을 보일 수 있게 만든다고 하였다.

파블로 피카소(Pablo Picasso)

피카소는 20세기의 가장 유명한 화가이다. 그는 새로운 양식의 미술을 창출했고, 한 양식이 받아들여지고 나면, 피카소는 전혀 새로운 양식을 만들어 내었다. 그는 20세기 동안 세계의 변화 상황과 자기 자신의 감정의 변화에 민감하게 반응하였다. 그의 예술은 이러한 변형을 반영한 것이다.

피카소의 그림은 악몽에서나 나타날 법한 이상하고 변형된 이미지로 가득 찬 것으로 보인다. 그는 이러한 이미지를 활용하여 그림을 보는 사람의 내부적인 생각이나 느낌을 그림으로 연결시키려고 노력한 것으로 보인다. 피카소의 많은 그림들은 모국이자 내전 중이었던 스페인의 미술에 영향을 받은 것이다.

화가로서 그의 초기 단계는 청색 시기(Blue Period)라 하는데, 그 이유는 그 당시 그의 그림이 대부분 청색을 사용하였기 때문이다. 이후, 피카소는 그림의 색깔을 따뜻한 색으로 바꾸고 다양한 분위기를 그림에 표현하였다. 그는 서커스 장면을 그리는 시대를 지나 육중한 형상들을 그리는 시대로 옮겨 간다. 이어 그의 그림은 누구를 그렸는지 또는 무엇을 그렸는지 알아보기 어렵게 매우 찌그러지고 왜곡된 모습으로 나타난다. 그의 마지막 시대에는 그림에 신문 조각, 단어, 파편 조각 등을 넣기도 하였다. 피카소는 그림뿐만 아니라 조각, 도자기, 제도 등으로도 유명하다.

레이 찰스(Ray Charles)

레이 찰스는 미국의 흑인 가수이자 작곡가이다. 그는 1950년대 재즈 가수로 유명해졌다.

찰스는 여섯 살 때 시력을 잃었다. 그는 피아노를 연주했으며 감정과 열정을 더해 노래를 불렀다. 그의 노래는 록으로부터 블루에 이르기까지 다양했다. 'I Got A Woman'은 그를 미국 가요계에 널리 알린 히트곡이다. 'What I Say'와 'Georgia on My Mind'도 또 다른 유명한 히트곡이다.

데뷔 초기에는 여러 밴드와 함께 노래를 부르기도 했으나, 이후 찰스는 혼자 부르는 것을 선호하였다. 그는 세계의 음악가들에게 큰 영향을 미쳤다.

테레사 수녀(Mother Teresa)

테레사 수녀는 로마 가톨릭 수녀였고, 인도의 캘커타에서 가난하고 굶주리고 병든 사람들을 돌보며 살았다. 그녀는 유고슬라비아에서 태어났고 열여덟 살 때 수녀가 되었다. 1948년에 그녀는 수녀원을 떠나 세계에서 가장 가난한 도시 중 하나인 캘커타로 갔다. 그녀는 인도에서 종교적 수행을 시작해서 오십 년이 넘게 지속했다. 그러면서 그녀는 굶주리고 아프거나 죽어가는 사람들을 위해 병원, 학교, 보호센터, 고아원, 청소년 센터에서 일했다. 그러한 활동을 하면서 그녀는 도움을 가장 필요로 하는 사람들을 도와야 한다는 것에 영감을 얻었다. 그녀의 일은 인도에서 50개 도시로 넓혀졌고 세계 30여 개 나라로 확장되었다.

그녀는 봉사활동으로 수많은 상을 받았다. 1979년에 그녀는 가난한 사람들을 도운 것으로 노벨 평화상을 수상했다. 이 상은 주로 세계적인 지도자들에게 주어지는 상이며 세계에서 가장 인간주의적인 상으로 권위가 매우 높다.

에밀리 디킨슨(Emily Dickinson)

에밀리 디킨슨은 19세기 후반에 살았던 미국의 유명한 시인이다. 그녀는 아직도 영어를 사용하여 가장 훌륭한 시를 쓴 시인의 한 사람으로 간주되고 있다.

디킨슨은 매사추세츠에 있는 그녀의 집에서 거의 은둔하다시피 평생을 살았다. 그녀는 독신이었으며 친구도 거의 없었다. 그녀는 내면을 생각하며 그것에 대해 쓰면서 시간을 보냈다. 그녀의 작품을 연구한 사람들은 그녀가 감정을 생각하는 데 엄청난 시간을 들였기 때문에 그녀 자신만의 독특한 방법으로 자신의 내면을 글로 옮길 수 있었다고 말한다.

디킨슨의 시들은 보통 간결하고 제목도 없다. 작품의 대부분은 슬프고, 고독, 걱정, 죽음 등을 다루었다. 그녀는 또한 영혼, 신, 불멸에 관한 글을 썼다. 그녀는 1700 여 편의 시를 썼는데, 그 중 오직 일곱 편만이 그녀가 살아있을 때 출판되었다. 그것들도 디킨슨의 허락 없이 출판된 것들이었다. 그녀는 아무도 모르게 시를 썼는데, 그녀가 죽은 후에 그녀의 자매가 작품들을 발견한 것이다.

제인 구달(Jane Goodall)

제인 구달은 세계적으로 유명한 과학자 중 한 사람이다. 그녀는 수년 동안 아프리카의 야생 침팬지와 함께 살았고, 침팬지와 인간 모두에 관한 생각을 바꾸어 놓았다. 그녀의 연구는 지금까지 계속되고 있으며, 야생동물을 다룬 현장 연구 중 가장 오랜 기간 동안 이루어진 연구이다. 구달은 또한 세계 각지를 돌아다니며 침팬지와 침팬지가 사는 환경에 대해 교육을 해왔다.

구달은 야생동물 중에서 침팬지가 인류와 얼마나 유사한 동물인지에 대해 가르쳐왔다. 그녀의 연구에 의하면 침팬지는 매우 지능이 높고, 매우 사회적이며, 아프리카에서만 발견된다고 주장한다. 또한 침팬지는 98% 정도 인간과 유사한 유전자를 가지고 있다. 그들은 인간이 하는 것처럼 많은 감정을 표현하고 의사소통한다. 하지만 안타깝게도 제인 구달의 연구를 통해 우리는 인류의 수는 계속해서 증가하고 있지만 침팬지의 수는 점점 감소하고 있는 것을 알 수 있다.

자기이해지능 활동

다중지능에 대한 아이디어를 배운 학생들은 이제 자신들이 갖고 있는 강점과 능력을 분석할 준비가 되었다. 학생들은 몇 분 동안 조용히 생각해보고, 그룹 구성원들과 다음과 같은 물음에 대해 토론한다.

자신의 가장 강한 지능 영역은 무엇이라고 알고 있는가?

어떻게 이러한 능력을 발달시켰는가?

이 영역에서 자신의 전문성을 어떻게 향상시킬 것인가?

자신의 능력을 어떤 새로운 방법으로 활용하겠는가?

어떤 새로운 지능을 개발시키고 싶은가?

자연탐구지능 활동

학생들은 다음 동식물을 같은 특성에 따라 그룹으로 묶는다. 학생들은 동물들을 분류할 때 활용하는 사고의 종류에 주의를 집중하여야 한다.

곰	큰사슴	송어	해마
거미	다람쥐	수달	나팔수선화(식)
고비(fern)(식)	양	사과나무	떡갈나무
상어	금잔화	모기	오소리
혹등고래	독수리	바다표범	상어
꿀벌	돌고래	해리(beaver)	코끼리
연어	송아지	사슴	민들레
여우	뒤쥐	염소	표범
블루버드	돌고래	튤립	잠자리
딱정벌레	소나무	삼나무	연어
단풍나무	새끼돼지	배스(bass)	기린
무당벌레	밍크고래	개똥벌레	나비

평가

다중지능이론에 대한 학생들의 이해 정도를 밝히기 위해 학생들은 다중지능에 대해 전체 학생들 앞에서 발표할 준비를 한다. 학생들은 개별적으로 또는 한 두 명의 다른 학생들과 함께 준비할 수 있다. 학생들의 발표는 다음의 요소 중에서 하나 이상 포함해야 한다.

1. 적어도 여덟 가지 다른 방식 내에서 사람에 따라 다르게 영리함을 나타내는 짧은 희극 또는 인터뷰

2. 여덟 가지 지능 각각에 대한 명칭이나 그림이 들어 있는 포스터, 잡지에서 오리거나 뽑은 사진

3. 다른 그룹의 학생들이 알고 있는 유명한 사람을 활용한 다중지능이론에 관한 간단한 이야기 또는 설명

4. 학생들이 자기 자신의 지능 영역을 알아내는 데 사용할 수 있는 질문지

5. 모든 여덟 가지 지능과 그러한 방법으로 영리해질 수 있는 방법을 언급하고 있는 다중지능에 대한 노래

다음 평가 기준표는 학생들의 발표를 평가하는 데 활용할 수 있다.

다중지능 평가 기준표

기준	가능한 점수		
	우수	보통	미흡
다양한 지능으로 발표함			
여덟 가지 지능에 대해 이해하고 있음을 드러냄			
명확하고 쉽게 발표함			
구체적인 상태의 기준을 제시함			

제3장

다중지능을 활용한
개별화수업 준비

많은 교사들이 다중지능을 활용하여 개별화수업을 하는 데 관심을 갖고 있다. 하지만 강점 영역을 통해 가르치려 하고 불편한 방식은 피하려는 것이 인간의 특성이다.

이 책의 제3장에서는 교사들에게 최근의 수업 방식에 대한 반성적 사고를 요구하고 다양한 방식으로 가르칠 필요가 있다는 것을 고려할 것을 요구한다. 필자는 각 지능에 따른 다양한 수업 전략을 제공함으로써 교육학에 근거한 다중지능을 지원하려 하였다. 교사들은 각 목록표를 검토할 때, 최근에 사용된 전략에 체크 표시(V)를 하고, 일상 수업에 쉽게 적용할 수 있는 것에는 별표(★)를 하면서 각 목록을 검토할 수 있다. 각 지능을 위해서 필자는 또한 심도 있게 하나의 수업 전략을 설명해 놓았다. 제3장의 끝 부분에는 학생들을 위한 두 가지 유인물이 제시되어 있다. 하나는 철자에 관한 것이고 다른 하나는 곱셈에 대한 것인데, 여덟 가지 지능 모두를 이 두 중요한 기능 영역에 통합시켰다.

제3장의 내용

- ❦ 교사의 자기 성찰 질문지
- ❦ 개별화수업을 위한 언어지능 전략
  - 언어지능 활동 예시: 일지 쓰기
- ❦ 개별화수업을 위한 논리수학지능 전략
  - 논리수학지능 활동 예시: 연역적 추론 게임
- ❦ 개별화수업을 위한 운동 지능 전략
  - 운동 지능 활동 예시: 종이 접시
- ❦ 개별화수업을 위한 시공간지능 전략
  - 시공간지능 활동 예시: 학생 제작 카드

교사의 자기 성찰 질문지

이 성찰 질문지는 교사들이 최근에 어떻게 가르치는지에 대한 자기 성찰을 도울 수 있다. 질문지를 작성한 후, 교사는 그들이 수업 시 어떤 지능을 일반적으로 간과하는지를 알기 위해서 질문지를 검토해야 한다. 교사들은 이 책의 다음 페이지들에 제안한 교수전략을 적용함으로써 간과했던 영역에 집중하기를 원할지도 모른다.

개별화수업을 위한 언어지능 전략

1. 학생들은 5분 동안 학습 정보에 반응하여 '빠르게 쓰기'를 한다.

2. 학생들은 수업에서 배운 정보를 학교 밖의 생활에 적용하는 방법을 이야기한다.

3. 의사소통에서 정확성을 연습하기 위해, 학생들은 짝을 지어 과제를 제시하는 안내를 서로에게서 듣는다.

4. 어떠한 주제에서 단어를 학습하기 위해, 학생들은 낱말 맞추기 퍼즐을 만든다.

5. 학생들은 어떠한 쟁점에 대해 다양한 관점으로 논쟁한다.

6. 학생들은 학습한 내용 중 가장 의미 있는 것을 글로 묘사한다.

교사의 자기 성찰 질문지

나의 1차적인 지능 강점은:

1. _____

2. _____

3. _____

내가 평소에 가르치는 내용은 다음과 같은 지능과 관련되어 있다. (위의 질문에 나타난 1차적인 지능 강점과 상관 여부를 확인하고, 만약 그렇다면 왜 그런지 만약 그렇지 않는다면 왜 그렇지 않은지 적으시오.)

1. _____

2. _____

3. _____

내가 평소에 활용해서 가르치는 지능은:

1. _____

2. _____

내가 평소에 활용해서 가르치는 지능의 사례는:

1. _____

2. _____

내가 평소에 간과했던 지능을 한 가지 이상 든다면:

1. _____

2. _____

간과했던 이유는:

_____

_____

만약 어떻게 하면 이 지능을 활용하여 가르치고 싶은지:

_____

_____

그렇게 하기 위해 포함해야 할 자료:

_____

_____

7. 학생들은 소그룹 구성원들에게 최근 수업에서 다루었던 (교사가 선택한) 주제에 관해 즉흥의 1분 발표를 한다.

8. 학습 자료를 읽을 때, 학생들은 각 페이지의 내용에 대한 핵심어나 구절을 만들면서 각 페이지를 검토한다.

9. 학생들은 교실 주제에 관한 예비전문가로서 문제를 제기할 짧은 토크쇼 프로그램을 만든다.

10. '상호의존'과 같은 주요 개념을 대변하는 단어를 사용하여, 학생들은 그것의 의미를 설명하기 위해 단어의 각 글자로 시작하는 구절을 써본다.

언어지능 활동 예시: 일지 쓰기

일지는 모든 주제 영역과 통합시킬 수 있다. 뿐만 아니라 학생들은 여러 가지 목적을 가지고 일지를 쓸 수 있다. 수업 내용 또는 문제해결 접근법을 설명하기 위해, 공부한 내용에 대한 느낌을 표현하기 위해, 자신들이 이해하지 못한 것에 대한 질문을 만들기 위해, 또는 교사에게 직접 관심을 표시하기 위해 일지를 쓸 수 있다. 학생들에게 일지 과제를 부여하기 전에 교사는 학생들이 다른 교실에서 교사가 제시하는 일지를 쓰고 있는지에 대해 파악해야 한다. 여기에서는 훌륭한 언어지능 전략에 다양성을 더할 수 있는 몇 가지 일지에 대해 설명한다.

학습일지

학습일지에는 학생들이 교육과정 단원에 나오는 주요 개념, 입증하는 내용, 또는 문제해결과정 등을 기록한다. 학습일지는 매일 또는 매주 쓰거나 가끔씩 쓸 수 있다.

개인일지

개인일지의 형태와 내용에 담을 것들은 학생들 각자가 결정한다. 학생들은 마치 일기를 쓰듯 자신의 생각과 느낌을 적는다. 어떤 학생들은 이야기나 시를 쓰는 것을 선택할 수 있으며, 어떤 학생들은 꿈이나 두려움, 또는 소원 등을 쓸 수 있다. 어떤 교사들은 학생들로 하여금 날마다 개인일지를 쓰도록 요구하기도 한다.

노트일지

레오나르도 다 빈치는 자신의 아이디어들을 노트일지에 기록했었다. 그러한 일지들은 학생들의 관심사로부터 점차 발전되며 시각적인 스케치북이나 통계 차트와 같은 여러 형태를 갖춘다. 노트일지는 즉흥적인 이유에 따라 활용된다.

대화일지

대화일지는 대개 교사 또는 동료들과 공유하는 일지이다. 학생들이 이야기나 이야기 식으로 시작하면 교사나 동료들이 이에 응답하는 형식을 취한다. 응답으로는 개인적인 견해나 이야기의 연속된 내용을 쓸 수 있다. 교사에게는 대화일지가 시간을 많이 소비하게 하는 것이지만 학생들의 동기를 유발시키는 것이 된다. 대개 주마다 날짜를 정하여 대화일지를 쓰는 것이 일반적이다.

가상일지

가상일지에서 학생은 저자, 역사적 인물, 과학자, 상상의 인물, 동물, 또는 무생물과 같은 다른 사람의 역할을 한다. 이러한 일지들은 학생들로 하여금 다양한 관점을 이해하는 데 도움을 주게 되며, 종종 비정기적인 간격으로 가상일지 쓰기 과제가 주어진다.

독서일지

독서일지는 학생들이 읽은 책에 대해 이해, 해석, 비평, 분석한 점 등을 기록하는 것이다. 학생들은 읽기 과제를 하는 동안이나 읽기가 끝난 후에 독서일지를 쓴다.

학급일지

학급 구성원 모두가 학급일지를 쓰는 데 기여해야 한다. 학급일지는 하나만 만들어 교탁이나 테이블에 두고 학생들, 교사들, 초청 인사들로 하여금 구체적인 주제나 즉흥적인 주제에 관한 내용들을 쓰도록 한다. 학급일지는 학생들에게 읽고 쓰도록 만드는 동기를 부여한다.

개별화수업을 위한 논리수학지능 전략

1. 문제가 주어지면, 학생들은 문제의 해답을 찾기 이전에 문제해결 방법을 위한 전략을 세워야 한다.

2. 학생들은 수업 내용의 유형이나 관계를 식별해야 한다.

3. 어떤 문제에 대한 해결책을 제공하기 전에 학생들은 자신들의 대답에 대한 논리적이고 이성적인 근거를 제시해야 한다.

4. 학생들은 다양한 자료를 분류하는 범주를 만들거나 찾아내야 한다.

5. 교실에서의 학습을 확장시키기 위해 학생들은 자신들이 선택했거나 교사가 선택한 주제에 관해 질문지 연구와 자료 분석을 실시한다.

6. 짝을 이루어 학습할 때는 수업의 내용이 포함된 문장제 문제를 만든다.

7. 학생들은 주어진 정보를 비교 · 대조하기, 인과관계 해답 찾기, 분석하기, 가설 세우기 등 고등사고 기능이 포함된 토론에 참여한다.

8. 독립 프로젝트 또는 소그룹 프로젝트를 할 때에 학생들은 학급 주제와 관련된 질문에 답하기 위해 과학적인 방법을 적용하여야 한다.

9. 학생들은 확률, 대칭, 무작위, 혼돈 등과 같은 수학과 과학에서 쓰는 주제들에 초점을 맞춘 단원을 공부해야 한다.

10. 학생들은 논리적 사고를 향상시키기 위해 요약 차트, 벤다이어그램, 흐름도, 거미줄 망 등 다양한 조직자를 활용해야 한다.

논리수학지능 학습활동 예시: 연역적 추론 게임

대부분의 학생들은 제퍼디 게임(Jeopardy!^{TM})에 대해 잘 알고 있다. 그 게임에서는 참가자들이 주어진 각각의 질문에 적절한 대답을 해야 한다. 이와 똑같은 방식을 어떠한 주제 영역을 다루는 교실에서 효율적으로 사용할 수 있다. 제퍼디 게임은 난이도 수준이 대개 다섯 단계 또는 다섯 층으로 이루어져 자연스럽게 개별화된 게임이다. 개별화수업을 하는 교실에 딱 잘 어울리는 방식이다. 보통 교사들이 질문을 만드는데, 필자는 학생들로 하여금 질문을 만들도록 한다. 학생들은 자신들이 만든 질문을 선택할 수 있는 기회를 가질 때 보다 적극적으로 참여하고자 한다.

여러 해 동안 필자는 교실에서 소형 차트를 활용하여 제퍼디 게임을 했으나, 최근에는 수많은 버전의 전자 제퍼디 게임이 온라인상에 공급되고 있다. 그들 중 일부는 무료이고, 일부는 버저와 다른 기능이 추가되어 아주 멋지게 만들어져 있다. 가장 기초적인 것은 파워포인트 문서이다. 교사들은 자신의 보기판을 만들거나 내려받아 여러 버전으로 만들어서 다른 주제나 다른 단원을 위해 활용할 수 있다.

제퍼디 게임의 답들은 비교적 간단해야 한다. 주제: 지리; 범주: 100점에 해당하는 대륙; 질문: 가장 추운 대륙은? 또는 보다 복잡하게 할 수 있다. 주제: 세포 생물학; 범주: 유사분열; 400점에 해당하는 질문: 세포핵에서 완전한 세포 분열보다 먼저 일어나는 복제된 염색체의 순차적인 분화와 분리는 무엇입니까? 또는 보다 높은 수준의 사고 기능을 요하는 질문일 수 있다. 주제: 환경과학; 범주: 에너지 위기; 300점에 해당하는 질문: 전력 생산을 위해서 과도하게 사용된 지구 에너지 자원은 무엇이며 증가된 수요는 무엇입니까?

개별화수업을 위한 신체운동지능 전략

1. 학생들은 광합성, 법안을 법으로 만들기, 2차 방정식 풀기, 태양 주변 지구의 공전과 같은 과정에 대해 역할극을 한다.

2. 조그만 블록과 이쑤시개, 레고(Legos®), (가는 막대기에 얼린) 아이스캔디(Popsicle®)를 가지고 학생들은 분자구조, 유명한 다리, 역사나 문학에 나오는 도시들의 모형을 만든다.

3. 교사는 간단한 미용체조, 태극권 또는 요가, 활동성이 있는 '사이먼 가라사대' 게임, 놀이 공간 주변 조깅하기 등을 할 수 있는 짧은 휴식 시간을 제공한다.

4. 소그룹 내에서 학생들은 공부하고 있는 개념 중 중요한 것들을 강화해주는 교실 바닥에서 할 수 있는 게임을 만든다.

5. 학생들은 작은 그룹을 지어 미니 무역을 하기 위해 다양한 자원을 가진 각 나라를 대변하거나 개척자의 도전을 다루는 선구자들을 대변한다.

6. 교사는 학생들을 위해 특정 주제에 관한 정보 수집을 돕는 사냥꾼을 만든다.

7. 내용과 무관하게 교사는 학생들에게 수학 문제를 풀도록 하고, 예술 작품의 패턴을 만들어내게 하여, 체내 기관이나 세포의 복사본을 만들고, 또는 쓰기 활동을 위한 출발점으로서 이야기판을 제공한다.

8. 교실에서 배운 것들을 지역 사회로 확대하기 위해 학생들은 체험학습을 간다.

9. 학생들은 저글링, 춤추기, 균형 잡기, 줄넘기, 등산, 훌라후프, 볼링, 던지기, 잡기, 연장 다루기 등과 같은 신체 기술을 배운다.

10. 학생들은 그들이 그날그날 배운 것을 무언극으로 표현한다.

신체운동지능 학습활동 예시: 종이 접시

이 활동은 어떠한 학습 주제에서라도 복습하는 데 유용한 단순하고 활동적인 게임이다. 게임을 준비하기 위해 교사는 먼저 종이 접시를 준비한다. 두 번째로 교사는 초점을 맞출 학습 주제를 확인하고 다섯 개에서 열 개의 관련 질문과 한 단어로 된 답을 쓴다. 세 번째로 교사는 이러한 질문에 대한 답을 종이 접시에 쓴다. 세 개에서 다섯 개의 접시에 똑같은 답을 쓴다. 이것은 모든 학생들이 참여할 수 있도록 하기 위한 형태이다.

접시를 교실의 바닥 여러 곳에 뿌려 놓은 후에, 답이 적힌 쪽을 위로 향하게 한다. 교사는 학생들에게 그들이 질문을 듣게 될 것이며 그 질문에 적절한 답이 쓰인 종이 접시를 찾아야 한다고 말한다. 학생들은 종이 접시를 찾아갈 때 최대한 빠르게 종이 접시에 발가락이나 손가락을 올려야 한다. 모든 학생들이 답이 적힌 접시를 찾았을 때 교사는 다른 질문을 읽으며 학생들은 다시 답이 적힌 종이 접시를 찾아야 한다.

이 게임을 하는 데 두 가지 규칙이 있다. 학생들은 한 종이 접시만을 택할 수 있고, (여러 학생들이 똑같은 접시로 돌진하는 도전) 또한 교사가 질문을 읽는 동안 조용히 해야 한다. (그렇지 않으면 교사가 읽는 질문을 들을 수 없기 때문이다.)

종이접시 게임의 네 가지 사례는 다음과 같다.

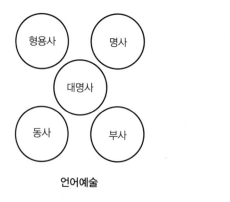

언어예술

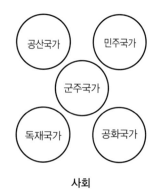

사회

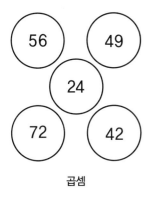

곱셈

보건

개별화수업을 위한 시공간지능 전략

1. 학생들은 눈을 감고 자신들이 시험을 잘 치르는 것, 학급 앞에서 연설을 하는 것, 갈등을 성공적으로 해결하는 것 등을 상상한다.

2. 학생들은 단원을 학습하면서 배운 것을 차트, 그림, 마인드맵 등과 같은 그림으로 표현한다.

3. 개별적으로 또는 파트너와 함께 공부하면서 학생들은 최근에 공부하는 단원에 관한 사실이나, 개념, 질문 등을 표현하기 위하여 시각적인 콜라주를 만든다.

4. 학생들은 컴퓨터 그래픽 프로그램과 페이지 편집 프로그램을 활용하여 수업을 설명한다.

5. 학생들은 신체 구조, 경제 구조, 정치 구조, 학교 조직, 또는 먹이 사슬과 같이 서로 연결된 시스템의 구조를 다이어그램으로 만든다.

6. 주어진 주제에 대해 이해한 것을 서로 소통하기 위해 학생들은 흐름도, 막대그래프, 또는 파이 차트 등을 만든다.

7. 작은 그룹으로 공부하면서 학생들은 비디오나 사진으로 프로젝트를 만든다.

8. 3차원적인 활동을 하기 위해 학생들은 문학이나 사회과를 위한 복장이나 세트, 과학을 위한 도구나 실험장치, 수학을 위한 조작적 자료 또는 새로운 교실, 빌딩 등을 설계한다.

9. 학생들은 모빌을 제작하거나 게시판을 설계한다.

10. 주어진 주제에 대한 자신들의 이해 정도를 보여주기 위해 학생들은 과제에 색깔, 모양, 또는 수수께끼 형태의 영상 등을 사용한다.

시공간지능 학습활동 예시: 학생 제작 카드

학생들이 만든 카드를 가지고 무엇이든지 배우고 복습할 수 있다. 학생들은 색깔, 모양, 설계 등을 장식해서 창의적으로 플래시 카드를 만들 수 있다.

　카드는 또한 쉬운 게임을 만들 때에도 사용할 수 있다. 루미[Rummy; 카드놀이의 일종(같은 패(牌)를 갖추어 차례로 늘어놓는)], 낚시(Go Fish), 늙은 하인(Old Maid)과 같은 게임은 어떤 교과 영역에서도 적용될 수 있다. 교사는 단순하게 카드 조각, 제도지(construction paper), 또는 노트 카드를 잘라 내어 주제 영역에 따라 게임을 구상한다. 학생들은 이 카드에 마크와 설명을 넣어 그린다. 고무도장을 카드 한쪽에 찍어 모든 카드를 똑같이 만든다. 학생들이 만든 카드를 비닐로 코팅하면 오래 사용할 수 있다.

　저자, 예술가, 과학자, 탐험가, 발명가 등과 관련해 상업적으로 제조되는 게임은 교육자료 카탈로그와 문구점 등을 통해 구입할 수 있다. 그러나 가장 좋은 카드는 교사와 학생들이 만든 것이다.

 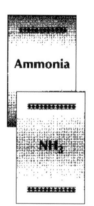 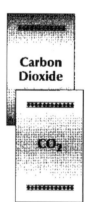 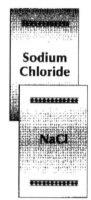

개별화수업을 위한 음악지능 전략

1. 학생들을 안정시키기 위해 배경 음악을 들려주거나 하루 중 다양한 시간에 배경 음악에 주의 집중하도록 한다.

2. 정보를 복습하기 위해 학생들로 하여금 교육과정 관련 노래를 작곡해보

도록 한다. 이때 잘 알려진 노래에 단어를 바꾸어 주제와 관련된 노래가 되게 한다.

3. 학생들은 자신들이 만든 교육과정 노래나 수학의 구구단 암기, 단어 철자, 규칙이나 사실을 노래로 연주할 리듬 악기를 만든다.

4. 학생들은 노래를 선정하고 그 노래의 가사가 수업 내용과 어떻게 연관되어 있는지 설명한다.

5. 음악 소프트웨어에 접근할 수 있는 학생들은 멀티미디어 보고서와 발표 등에 리듬 반주를 더할 수 있다.

6. 학생들은 읽은 책에 대한 보고를 할 때 또는 말을 통해 다른 발표를 할 때 적절한 배경 음악을 선정한다.

7. 수학, 자연, 시각 미술 등에 있는 유형을 드러내 보이기 위해 학생들은 유형화되어 있거나 반복적인 음악 자료를 활용할 수 있다.

8. 주제 영역에 더 친숙해지도록 하기 위해 학생들은 주제 영역에 대해 사전에 녹음된 노래들을 듣거나 분석한다.

9. 학생들은 부분과 전체, 분수, 반복되는 유형, 시기, 화음 같은 개념을 이해하기 위해 음악을 분석한다.

10. 학생들은 비유의 하나로서 음악 용어를 활용한다. 그러한 비유로 단편 소설의 절정을 나타내는 크레센도, 대인관계를 나타내는 2부 노래, 신체 훈련을 나타내는 운율 등을 활용한다.

음악지능 학습활동 예시: 교육과정 노래

교실 분위기를 향상시키는 것과 더불어, 교육과정 내에 음악을 포함시키는 것은 중요하다. 내용 영역과 관련된 노래 테이프는 교육자료 목록에서 거의 모든 주제를 찾아볼 수 있다. 더 효과적인 것은 공부하고 있는 주제와 관련해 교사가 만든 것과 학생들이 만든 노래들이다. 여기에 환경 오염에 관한 노래가 예시되어 있다. 이 노래는 3학년 학생들이 오존층에 대해 배운 후 작곡한 것이다. 이 노래는 '징글벨'의 운율에 맞추어 부른다.

Jingle bells, garbage smell,
Diapers in the dump.

Styrofoam and CFCs,

They make me scream and jumpp. Oh

Jingle bells, garbage smells,

Pollution is a drag.

Toxic wastes from factories

Make me want to gag.

학생들은 소그룹으로 나뉘어 노래 전체를 쓰거나 학급이 만든 노래에 운율을 덧붙일 수 있다. 학생들로 하여금 익숙한 노래를 선택하도록 안내하고, 교사 또한 학생들을 위해 기대하는 바를 구체적으로 밝힌다. 예를 들어, 최근에 공부한 단원에서 10개의 개념을 포함해야 한다든지 주제에 관해 학급 학생들로 하여금 아직도 대답하기를 원하는 질문들을 포함해야 한다는 등 교사의 기대치를 밝힌다. 일단 학생들이 노래를 다 쓰고 나면, 반드시 노래를 불러 보는 기회와 전체 학생들에게 가르쳐 보는 기회를 제공해야 한다.

학생들에게 익숙한 노래는 다음 목록과 같다. 이 노래들은 교육과정 노래에 멜로디를 제공하기 위한 것으로, 모두에게 활용될 수 있는 쉽고 익숙한 리듬으로 되어 있다(또는 한국 동요를 활용할 수 있다).

Michael, Row the Boat Ashore

When Johnny Comes Marching Home

She'll Be Comin' Round the Mountain

Sarasponda

The Battle Hymn of the Republic

This Old Man

The Old Gray Mare

Pop Goes the Weasel

Alouette

Clementine

My Country

Oh, Susannah

Camptown Races

The Wheels on the Bus

I've Been Working on the Railroad

London Bridge

Hava Nagila

We Shall Overcome

Puff, the Magic Dragon

Jimmy Crack Corn

Twinkle, Twinkle Little Star

This Land is Your Land

Yankee Doodle

When the Saints Go Marching In

개별화수업을 위한 대인관계지능 전략

1. 협동 그룹으로 공부할 때 학생들은 수업의 일정 부분들을 서로에게 배우고 가르쳐 준다. 각 학생들은 단지 한 부분만 책임지고 가르치지만, 전체 수업이 협력적으로 이루어져 결국 모든 학생들이 배우게 된다.

2. 논쟁을 해결하고 갈등을 협상하기 위한 능력을 개발하기 위해 학생들은 갈등 해결 기술을 가상의 문제나 실제적인 문제를 중심으로 연습한다.

3. 학생들은 피드백을 주고받는 것을 배우기 위해 다른 학생들의 발표에 대해 비평하는 것을 연습한다.

4. 협력 기술을 향상시키고 다른 친구들의 전문성 영역을 공유하기 위해 학생들은 함께 그룹 프로젝트를 수행하고, 강점에 따라 역할을 부여받는다.

5. 학생들은 동정심, 존경심, 이타주의, 공유 등과 같은 가치를 개발하기 위해 교내 또는 지역사회 봉사활동에 참여한다.

6. 다른 사람들을 이해하고 다양성을 고맙게 여길 수 있도록 하기 위해 학생들은 풍습, 믿음, 가치 등을 포함한 다양한 문화에 대해 배운다.

7. 혼자 생각하기-짝과 생각 나누기-전체 학생들에게 발표하기(TPS, Think-Pair-Share) 기술을 활용하여 수업 주제에 대한 반성적 사고를 할 수 있도록 학생들을 발표에 참여시킨다. 또한 파트너와 함께 자신의 생각을 토론하기 위한 기술로 (파트너에게) 차례로 말하기(Turn and Talk) 기술 등을

사용한다.

8. 다양한 관점을 이해시키기 위해 학생들이 여러 가지 복잡한 문제에 대해 다양한 입장을 취하도록 하고 토론하게 한다.

9. 학생들은 특별한 재능을 가진 사람들의 특별한 영역뿐만 아니라 다른 사람들과 효율적으로 인터뷰하는 방법을 배우기 위해 그들과 인터뷰를 실시한다.

10. 다른 사람들의 전문성을 배우기 위해 학생들은 지역사회 전문가들 아래에서 도제로 일한다.

대인관계지능 학습활동 예시: 섞어 맞추기 그룹 만들기

섞어 맞추기 그룹을 만드는 활동은 새로운 학습 자료를 도입하는 데 잘 적용될 수 있다. 교사는 학생들을 네 그룹 또는 다섯 그룹으로 나누고, 숫자가 적힌 카드 세트를 각 그룹에 나누어 준다. 세트로 되어 있는 카드에는 각각 배우고 있는 주제에 대한 서로 다른 정보가 들어 있다. 각 그룹이 갖고 있는 세트는 반드시 같아야 한다.

학생들은 자신의 카드를 읽고서 주어진 숫자에 맞추어 새로운 그룹으로 이동한다. (숫자 1을 가진 학생들끼리, 숫자 2를 가진 학생들끼리 모인다.) 이렇게 만들어진 그룹은 원래 그룹 구성원들에게 카드를 통해 새로이 배운 것들을 가르칠 계획을 세운다.

새로 만들어진 그룹에서 준비가 되면, 학생들은 본래의 그룹으로 돌아간다. 그렇게 되면, 모든 학생들이 퍼즐의 다른 부분을 가지고 있고 그것을 가르치기 위한 방법도 갖고 있는 것이 된다. 그러면 각자가 자신의 그룹에서 자기의 맡은 부분을 다른 학생들과 공유하는 것이다.

개별화수업을 위한 자기이해지능 전략

1. 새로운 과정이나 학년, 학기의 시작 즈음에 학생들은 개인적으로 단기 혹은 장기의 학습 목표를 세운다.

2. 학생들은 자신이 학습한 것을 평가하기 위해 포트폴리오를 만든다.

3. 일정, 시간표, 계획 전략 등을 이용해 학생들은 자발적 학습 전략을 습득

하도록 자기 자신의 학습 활동들을 선택하고 계획한다.

4. 학생들은 수업에 대한 자신의 감정적 반응을 표현하고 학습 내용에 대한 통찰을 공유하기 위해 날마다 학습일지를 쓴다.

5. 학생들은 왜 특정 학습 단원이 학교 안팎에서 중요한지에 대해 그 이유를 설명한다.

6. 학생들은 친절 또는 결단력과 같은 특정한 덕목을 선택하고, 그것들을 일주일에 하나씩 실행에 옮긴다.

7. 자긍심을 높이기 위해 학생들은 칭찬을 주고받는 것을 연습한다.

8. 매 분기 최소한 한 번씩 학생들은 자신들이 선택한 개인 프로젝트를 수행하고, 2주에서 3주에 걸쳐 완성한다.

9. 학생들은 수업에서 배운 내용들을 통해 그들 스스로 자신을 이해하는 데 얼마나 많은 도움을 주었는지 자서전을 써본다.

10. 학생들은 개인적 학습, 사고, 문제해결 전략 등을 반성하기 위해 교사의 피드백과 자기 평가지를 사용한다.

자기이해지능 학습활동 예시: 학생의 선택

학생들로 하여금 자기이해 기술을 개발시켜 가면서 동시에 학구적으로 만드는 한 가지 방법은 그들의 교육적 경험과 관련해서 선택하도록 장려하는 것이다. 학생들의 선택은 늘 열려 있어야 하며 그들의 흥미에 기반을 두거나 혹은 교사로부터 직접 제공받도록 한다. 그들의 학습 경험을 구축할 수 있도록 하는 몇 가지 제안이 아래에 열거되어 있다.

학생들은 교실의 물리적인 배치를 어떻게 가장 잘 조직할 수 있을지를 결정한다.

학생들은 읽기와 쓰기 숙제에 대한 주제를 선택한다.

학생들은 독립적인 연구 프로젝트로 무엇을 해야 하는지 선택의 범위 내에서 결정한다.

학생들은 하루하루 일정을 위해 의견을 제시한다.

학생들은 일반적으로 나타날 수 있는 문제 상황들에 대한 규칙과 생활 방침을 마련한다.

학생들은 자리 배치를 선택한다.

교사는 학생들에게 목표를 세우는 방법을 알려주고 그들이 세운 목표를 잘 수행해 낼 수 있도록 기회를 제공한다.

교사는 종종 학생들의 자기반성과 자기 평가 시간을 마련한다.

교사는 학생들에게 개인일지를 제공하고 규칙적으로 일지를 쓸 수 있도록 시간사용을 계획한다.

학생들은 그들이 수행한 일에 대해 어떻게 평가할지에 대한 기준을 결정한다.

개별화수업을 위한 자연탐구지능 전략

1. 학생들은 암석, 조개껍데기, 벌레, 나뭇잎, 깃털, 기타 다른 자연물들을 수집하고, 또한 카드, 구슬, 작은 물건 등을 수집한다. 학생들은 이것들을 공통의 속성에 따라 범주화하도록 한다.

2. 학생들에게 자연 상태에서의 변화에 대해 세심히 관찰하도록 한다. 그들은 교실 창문 너머에 있는 나무, 날씨, 공원 등 식물이나 동물의 생활주기를 관찰할 수 있다.

3. 교사들은 학생들에게 자연물의 선, 모양, 반복, 또는 주기 등의 형식이나 무늬를 인지하도록 요구한다.

4. 학생들에게 쌍안경, 망원경, 현미경 등을 이용하여 자연현상을 관찰하도록 격려한다.

5. 학생들은 바위나, 조개껍데기, 또는 다른 자연물을 분류, 조직, 범주화하고 그 범주를 도표로 만든다.

6. 학생들은 지역이나 세계의 환경 등을 돌아보고 환경의식 개선 활동 등을 계획한다.

7. 학생들은 지역의 동물 보호소를 방문하거나 유기된 애완동물을 돕는 방법을 찾는다.

8. 지역 생태의 식물군과 동물군을 활용하여 학생들로 하여금 이것들을 범

주화시킨 후 분류체계를 만든다.

9. 학생들은 식물을 씨앗일 때부터 길러보고, 계속해서 그들의 변화 양태를 관찰하고 기록한다.

10. 학생들이 일기예보를 직접 해보게 하고 그 결과를 따져보게 한다.

11. 학생들은 하늘, 구름, 별, 우주를 관찰한다.

12. 학생들은 자연물 비디오나 자연물 사진을 발표한다.

13. 학생들은 야외 학습을 가거나 자연 환경에서 걸어보기 또는 하이킹하기 등을 한다.

자연탐구지능 학습활동 예시: 학급 정원 만들기

대부분의 학교가 교실 과제를 수행할 만큼 충분한 정원을 가지고 있지는 않겠지만, 작은 정원, 간단한 용기를 가지고도 충분히 수중재배 등을 포함한 학급 정원을 설계하고 만들어 낼 수 있는 창의적 방법은 있다.

재활용 음료수 병에 식물을 재배하는 것은 교실에서 수중 식물 재배를 할 수 있는 손쉬운 방법 중의 하나이다. 식물은 식물 아래 있는 수조로부터 물을 공급 받는다. 몇몇 식물은 2리터 음료수 병으로도 기를 수 있다. 그런 정원들은 한 학생이나 몇몇 그룹 단위에 의해 보살펴진다. 다음과 같은 재료들이 필요할 수 있다.

● 2리터들이 음료수 병 (1리터짜리 병은 작은 식물을 키우는 데 활용할 수 있음)

● 음료수 병뚜껑 또는 병을 막을 수 있는 알루미늄 호일과 고무 밴드

● 병뚜껑에 구멍을 뚫을 수 있는 도구 또는 알루미늄 호일

● 심지 재료―옷감을 접는 부분의 심지 또는 무명으로 된 줄

● 식물 배양기 (물이끼와 질석(풍화한 돌)으로 만들어진 흙이 없는 혼합물)

● 비료: 식물을 심을 때 같이 심는 둥글게 뭉쳐진 고체 비료나 식물의 생장기간 동안 물과 혼합되어 수조에 보관될 액체 비료

● 씨앗 한 봉지

● 물

다중지능에 기초하여 수업을 할 때 교사들은 위에 열거된 여러 전략들 중 선택하여, 그것들을 학습 활동지에 함께 넣는다. 그렇게 함으로써 학생들은 학습 내용을 배우기 위해 다양한 방법들을 활용할 수 있게 된다. 다음에 두 가지 학습 활동지가 예시되어 있다. 하나는 철자법, 다른 하나는 곱셈에 관한 것이다.

다중지능을 활용한 철자 쓰기의 개별화

다음 목록은 학생들이 집이나 학교에서 철자법을 연습하기 위해 쓸 수 있는 다양한 방법을 제공한다. 교사는 가장 즐겁게 사용할 수 있는 전략들을 선택한 후 매주 이러한 전략들을 다양화한다. 철자법 학습을 하는 데 있어 어떠한 방법이 자신에게 가장 적합한지 결정하고 노력해야 한다.

논리수학지능 전략: 다음과 같이 철자 단어들을 열거해 보시오: 가장 짧은 단어에서 긴 단어순으로 또는 가장 긴 단어에서 짧은 단어순으로; 음절수가 가장 적은 것에서 많은 것 순서로 또는 그 반대로; 알파벳순으로 또는 그 역순으로; 모음이나 자음 순으로; 또는 단어의 첫 알파벳을 이용하여 만든 두 낱말을 열거해 보시오.

시각지능 전략: 각각 다른 색깔을 가진 서로 다른 문자, 모음, 자음, 다른 단어를 이용해서 글자를 써보시오. 시각적으로 기억할 수 있도록 각 단어 옆에 그림을 그리거나 사진을 붙여 놓으시오.

언어지능 전략: 모든 철자 단어들을 이용해 이야기를 만드시오. 각각의 철자들을 모두 받아쓸 수 있도록 종종 멈춰 가면서 그 이야기를 들려주시오.

음악지능 전략: 가장 좋아하는 멜로디에 맞추어 철자를 불러보시오.

신체운동지능 전략: 글자를 '신체 알파벳'으로 표현해보고, 각 철자를 무언극으로 통해 표현해 보시오.

대인관계지능 전략: 파트너와 함께 생각하기-생각 나누기-전체 앞에서 발표하기 기법 및 차례차례 이야기하기 기법 등을 통하여 철자 단어를 연습하시오.

자연탐구지능 전략: 동물, 새, 물고기, 곤충, 꽃, 나무 등의 단어와 자신의 단어를 관련지어 연상시켜 보시오. 예를 들어 'yellow'란 단어는 'yak' : a yellow yak, 'button'이란 단어는 'butterfly'와 연관지어: butterfly button, 'cannot' 이란 단어는 'carrot' 과 관련지어: I cannot eat a carrot. 하는 식으로 연상시켜 보시오.

다중지능을 활용한 곱셈의 개별화

다음 목록은 학교나 집에서의 곱셈 연습을 위한 다양한 방법을 보여주고 있다. 가장 즐길 수 있는 전략을 선택하고 매주 이 전략을 다양화한다. 또 어떤 접근이 곱셈을 배우는 데 가장 적합한지를 결정하도록 한다.

시각지능 전략: 파트너와 함께 곱셈구구단 연습을 위해 종이접시 게임을 하시오. 곱셈판에 정답을 하나 적고, 또 접시에도 하나씩 적어 교실 바닥에 늘어 놓는다. 파트너에게 문제를 읽게 한다—예를 들어, 6×3. 여러분은 정답인 18이 적힌 접시 위에서 점프한다.

예술적 플래시카드를 각 곱셈식마다 만드시오. 예를 들어 여러분은 24송이의 꽃을 접시 한 면에 그린 후 다른 면에는 6×4를 쓸 수 있다.

언어지능 전략: 곱셈을 활용한 짧은 이야기를 만들어 보시오. 예를 들어, 한 이야기는 이렇게 시작할 수 있다. "농구를 하는 소년이 있었는데 한 번 던져 넣을 때마다 3점씩 획득하였습니다."

논리수학지능 전략: 곱셈구구단 차트를 보면서, 최소한 두 가지 유형의 수를 찾으시오.

음악지능 전략: 곱셈구구단에 관한 간단하고도 반복적인 노래를 만드시오; 예를 들어, 6×6=36, 7×7=49 등.

대인관계지능 전략: 다른 사람과 인터뷰를 하고 그들이 어떻게 곱셈구구단을 외웠는지에 대해 알아보시오. 이런 수학 문제들을 기억하도록 도와주는 방법 또는 비결을 배우시오.

자기이해지능 전략: 매일매일 일지를 써서 곱셈구구단을 학습하는 것에 관해 감정, 느낌 등을 표현하고 학습한 것이 무엇인지 날마다 기록, 정리하시오.

자연탐구지능 전략: 자갈, 씨앗 또는 기타 다른 자연물을 이용하여 숫자군을 만드시오. 예를 들어, 세로로 네 줄, 가로로 여섯 줄인 자갈은 총 몇 개입니까?

제4장

다중지능 교실에서의
평가의 개별화

필자는 교실에서 학생들의 다중지능 학습을 반영한 대안적인 평가 과정을 설계하는 것이 필요하다는 것을 발견했다. 필자는 학생들과 함께 '협력적인 평가회의'에 참여하는 것이 가치 있다는 것을 알게 되었다. 그렇게 함으로써 학생들은 학습에 따르는 결과가 평가되는 기준에 대해 토론하게 된다. 필자는 포트폴리오, 평가 형식, 자기 성찰 질문지, 그리고 학생들의 학력 향상을 기록할 다중지능 보조 카드를 활용, 발전시켜 왔다. 그러한 평가 방법들은 이 책의 제4장에 포함되어 있다.

교사들은 다양한 방법으로 가르칠 수 있는 것과 마찬가지로 다양한 방법으로 평가할 수도 있다는 것을 필자는 지적하고 싶다. 다중지능 평가는 다양한 형태를 취할 수 있다. 학생들은 자신의 학습에 대해 본래의 노래, 신문, 그룹 발표, 프로젝트 발표 등으로 나타낼 수 있고, 차트, 다이어그램, 일정 등과 같이 시각적인 것으로도 나타낼 수 있다. 이와 더불어, 교사의 평가와 함께 레퍼토리에는 동료 평가와 자기 평가 과정도 포함되어야 한다. 이 책의 수업 지도안의 평가 부분에는 평가 아이디어의 여러 사례들이 실려 있다.

필자는 학생들을 평가할 때마다 평가는 다양한 목적을 수행해야 한다고 나 자신을 상기시킨다. 첫째, 평가는 학생의 학습 과정을 기록하고 그에 대해 학생 및 그 밖의 사람들과 의사소통하는 길을 제공해준다. 둘째, 평가는 중요한 피드백 도구이다. 단순하게 학생의 학습 과정뿐만 아니라 교사로서의 효율성에 대해서도 피드백을 제공해준다. 평가는 필자로 하여금 필자의 수업에서 무엇이 효과적으로 잘 되었고 무엇이 향상될 필요가 있었는지를 생각해 보도록 격려한다. 셋째, 평가는 필자에게 학생들 각자의 강점과 약점에 관한 통찰력을 제공해 주며, 필자에게 적절한 수업 방안을 확인할 것을 요구한다. 필자의 생각으로는 평가는 진행 중인 대화이며, 끝이 아니고 종합적인 결과이다.

다중지능 평가 기준표

교사들은 대개 가르칠 각 교육과정 단원을 위한 교수 자료와 함께 평가 자료도 함께 만든다. 필자는 가르치는 어느 수업에나 쉽게 적용할 수 있는 포괄적인 평가 기준을 준비하는 것이 때에 따라서 편리하다는 것을 발견해 왔다. 평가 기준표는 교사, 학생, 또는 교사와 학생 모두가 만들 수 있다. 또한, 평가 기준표는 포트폴리오의 표지로서의 역할을 할 수 있다.

협력적인 평가회의

하버드대학의 Project Zero 연구소에서 실시한 프로그램인 Arts PROPEL에서 시작된 협력적인 평가회의는 중요한 학생 작품에 대한 학생과 교사의 상호대화이다. 이것은 평가를 받는 학생에게 평가가 어떤 기준으로 이루어져야 한다는 것을 말할 수 있는 기회를 제공하고, 자신들의 작품이 완성되면 그러한 기준을 충족했는지에 대해 본인들은 어떻게 생각하고 있는지에 대해 말할 수 있는 기회를 제공함으로써 평가의 과정을 보다 민주적으로 하게 한 것이다. 이 회의의 가정은 신중한 작품 활동은 신중한 주의와 반응을 함께 받아야 한다는 것이다. 협력적인 평가회의는 두 가지 측면이 있다. 첫째는 학생들의 작품을 평가하기 위한 기준을 결정하는 것이고, 둘째는 그 작품의 효율성에 대해 깊이 있게 돌아보는 것이다.

평가 기준 수립

학생들이 중요한 과제나 주요 프로젝트에 착수하기 전에 교사와 학생들은 평가

학생 이름: _____

과제: _____

날짜: _____

	매우 우수함	우수함	보통	개선 요함
내용				
중요한 개념들을 이해했다는 것을 드러내 보임				
중요한 개념의 사례를 제시함				
주의 기준을 다룸				
기능				
연구 기능의 증거를 보임				
청중에게 내용을 효율적으로 전달함				
발표시 적어도 세 가지 지능을 활용함				
과제를 완성하는 데 도전을 표현함				

회의를 미리 가져야 한다. 여기에는 10분에서 30분 정도의 시간이 요구된다. 이 회의의 목적은 학생들의 작품 평가에 대한 기준을 수립하는 것이다. 학급 학생들이 평가요소는 어떻게 구성되어야 하는지에 대해 토론하는 동안 교사는 칠판에 그 기준들을 열거해야 한다. 이러한 기준은 내용과 기술의 향상을 다루어야 한다. 예를 들어, 첫째 필수 조건은 완성된 과제가 중요한 개념에 대한 확실한 이해를 드러내야 할 것이고, 둘째 필수조건은 개념이 그래프, 차트, 또는 다이어그램 등을 통해 효율적으로 제시되어야 할 것이며, 셋째 필수조건은 '다루고 있는 개념은 실제 생활 상황을 반영한 것이어야 할 것이다' 등이다.

미리 평가기준을 설정해 놓음으로써 학생들은 자신들 작품을 위한 보다 친숙한 안내사항을 갖게 된다. 학생들은 교사가 그들에게 무엇을 기대하는지에 대해 더 이상 추측할 필요가 없게 될뿐더러, 거기에 어떤 책임이 따르는지에 대해서도 정확히 알게 된다. 예시작품으로서 공유할 수 있는 이전 학생들의 작품이 있다면 또한 교사들에게는 도움이 된다. 다른 사람들이 어떻게 했는지에 대해 살펴봄으로써 학생들은 그들이 해야 할 것에 대해 최종 결정하기 위한 보다 좋은 위치에

서게 되는 것이다. 학생들에게 모델 작품을 그대로 베끼라고 하지 않고, 그 사례들이 학생들로 하여금 다른 사람들의 아이디어를 참고로 해서 작품을 만들어 가도록 격려하며, 자기 자신의 문제해결 접근법을 창안해 내도록 하는 것이다. 이전의 프로젝트 산출물들을 보여주면 종종 학생들의 노력의 정도와 작품의 질이 매우 높아지곤 한다.

학생의 학습 평가

중요한 과제가 완성되면, 두 번째 협력 평가회의가 열린다. 이 회의의 목적은 학생 작품의 질 및 학생들이 얼마나 그 기준에 부합했는지, 그리고 학생이 더 잘 하기 위해서 교사가 어떻게 도움을 줘야 했는지에 대한 피드백을 제공한다. 때때로 교사, 전문가, 학부모, 다른 학생들도 물론 이 회의에 참여할 수 있다. 이 회의는 학생 개별적으로 또는 반 전체의 학생들이 개별적 작품을 평가하는 것을 지켜보게 하는 형태로 진행될 수 있다. 평가 회의가 시작되기 전 교사는 토론을 준비하며 학생의 작품을 먼저 읽거나 살펴보는 것이 매우 중요하다. 회의가 진행되는 동안에는 작품을 이미 완성한 학생도 프로젝트 토론에 참여하게 하는 것이 중요하다.

교사가 평가 회의를 주재하는 데 도움이 될 몇 가지 주제들을 다음과 같이 제시한다.

1. 가장 간단한 용어 사용과 함께 주관적 판단을 배제하면서 학생들이 창출한 것에 대해 교사가 설명한다.

2. 교사는 학생의 프로젝트에서 가장 결정적인 측면에 대해 의견을 개진한다. 여기서는 간단한 설명만이 주어져야 하며 왜 학생이 특정한 방식으로 이 작품을 만들었는가에 대해 집중하여서는 안 된다.

3. 교사는 학생의 작품과 작품을 만들었던 과정에 대해 질문을 제기한다.

4. 교사는 작품이 주어진 기준에 어떻게 잘 부합했는지에 대해 평가한다.

회의 동안에는 작품을 만든 학생과 회의에 참여한 사람들이 활발히 토론에 임할 수 있도록 격려해야 한다. 교사는 자신의 피드백에 대해 학생의 반응을 이끌어 내기 위해 다음과 같은 질문을 함으로써 토론을 촉진시켜야 한다. 즉, "주어진 기준에 비추어 볼 때, 학생의 작품에 대한 저의 코멘트가 혹시 여러분을 놀라게 한 것이 있나요?" "관찰한 것 중에 덧붙이고 싶은 것은 없었나요?" "여러분의 프로젝트를 평가할 때, 제가 미처 반영하지 못한 측면이 있나요?" 등과 같은 질문을 포함시킬 수 있다.

평가 회의를 끝내기 위해 교사는 학생의 학습에 있어서 다음 단계에 대한 제안을 해야 한다. 학생이 작품을 끝냈을지라도 학생과의 소통을 위한 중요한 개념 중의 하나는 '학습은 한 번에 끝나는 것이 아닌, 지속되는 과정' 이라는 것이다. 몇 가지 제안할 수 있는 코멘트와 질문은 다음과 같다.

1. 이 작품은 학생이 ＿＿＿＿＿＿＿＿＿＿＿ 에 강점이 있음을 보여 주는 것이라고 생각한다. 이것은 다른 작품에도 반영될 수 있을 것이다.

2. 이 프로젝트로 인하여 추구하고 싶은 새로운 관심사가 있는가?

3. 과제를 마친 이 시점에서 학생이 생각하기에 어느 부분이 더 잘 될 수 있다고 생각하는가?

4. 미래에 더 좋은 작품을 만들게 하는 요인들은 무엇인가?

5. 미래의 작품을 위해 어떤 목표를 세울 수 있는가?

평가 회의를 마침에 있어, 교사는 회의 자체에 대한 토론이 가치가 있다는 것을 알게 될 것이다. "참여한 모든 사람에게 이 회의가 얼마나 유익했는가?", "앞으로 이 회의가 어떻게 발전할 수 있을 것인가?" 등에 대해 토론해야 하는 이유가 여기에 있다. 마지막으로, 긍정적인 언사로 회의를 끝내는 것이 중요하다. 예를 들어 "네가 차트를 만드는 과정 속에서 아주 많은 것을 배웠다는 것을 선생님은 볼 수 있구나"와 같은 발언은 학생들로 하여금 지속적으로 노력을 경주하도록 하는 데 도움이 될 것이다.

개별화 평가를 위한 다중지능 포트폴리오

학생들의 학업에 대한 포트폴리오는 초·중등학교 교사들에게 점점 더 보편화되고 있는 추세이다. 필자는 누적 폴더와 특별공개 폴더로 구성된 포트폴리오 체제를 시험해 오고 있다. 누적 폴더에는 각 학생의 작품이 포함되어 있고, 특별공개 폴더에는 그 중에 잘 된 작품만 들어 있다. 어떤 폴더에 넣어야 할지를 결정할 때는 교사가 선택한 것과 학생이 선택한 것의 비율이 적절한 균형을 이루어야 한다.

필자는 주제 영역에 따른 다른 범주의 포트폴리오를 시험해 보았다. 종종 필자는 학생들로 하여금 과학 포트폴리오나 쓰기 포트폴리오처럼 하나의 교과 포트폴리오 또는 주제 포트폴리오를 갖추도록 한 적이 있다. 다른 때는 모든 내용 분야의 학습 결과물을 합체시킬 수 있는 종합적인 포트폴리오를 갖추도록 하기도 하였다. 결과적으로 어떤 모습으로 하든, 포트폴리오는 한 학기, 한 학년도의 학습 결과물을 모두 포함할 수 있어야 한다. 또한, 다음 학년도에도 뒤를 이어 관리되어야 한다.

포트폴리오의 예상 크기에 따라, 학생들은 학습 결과물을 폴더나 박스에 보관한다. 필자 학생들의 포트폴리오에는 학습 결과물뿐만 아니라 개인적인 성찰 질문지와 선정된 작품에 대한 평가 기준 등과 같이 선정된 것에 대한 평가 기록도 함께 보관된다.

포트폴리오는 단순히 학생들의 학습 결과물과 그 발달 과정일 뿐만 아니라 가치 있는 평가 도구가 되기 때문에 필자는 포트폴리오 사용을 좋아한다. 포트폴리오는 한 과제의 진행 과정을 하나의 한정된 방법인 도표로 보여주기도 하고 한 학기 또는 한 학년도 동안의 학생들의 학습 결과물을 일목요연하게 보여줌으로써 총체적이고도 종합적인 성장을 드러내 보여준다. 예를 들어, 몇 가지 쓰기 과제에서 필자는 학생들에게 대략적인 초안, 편집한 사본, 최종 본을 포트폴리오에 포함시키도록 함으로써 하나의 과제를 마치는 데까지 사용된 단계가 드러나도록 한다.

교사는 평가 목적으로 포트폴리오를 사용하기도 하지만, 학생들은 학습과제를 향상시키기 위한 방안으로서 피드백을 기대하기도 한다. 이렇게 함으로써 학생들은 진행 중인 학습 과정에 대한 주인의식을 갖게 된다. 다른 형태의 평가는 종종 이런 형태의 성찰을 반영하지 못하는 경우가 있다.

필자의 교실에서는 포트폴리오를 통해 학생들이 여러 가지 지능을 활용하여 학습했다는 증거를 보여줄 수 있도록 확인하고 있다. 지난 몇 년간 필자는 포트폴리오에 들어가야 할 항목을 다음과 같이 제시해왔다. 이 목록은 여러분 학생들의 포트폴리오를 위한 가능성으로도 나타낼 수도 있다.

- 창의적인 쓰기, 연구 보고서, 시, 보고서 등의 초안, 동료가 편집한 버전, 교사가 편집한 버전, 최종본 등 글로 쓰인 모든 형태의 학습 결과물

- 계산과 문제해결 과정이 들어 있는 수학 과제

- 그림, 스케치, 도안 등

- 차트, 그래프, 다이어그램 등

- 조각물, 건축물, 재봉 등의 사진

- 음악 악보

- 음악 공연에 대한 오디오테이프

- 연극, 댄스, 인터뷰, 발표 등의 비디오테이프

- 학습일지

- 개인 성찰 질문지

- 평가 기준표 및 다른 형태의 평가 양식

- 프로젝트 학습 계약서

- 개인적인 목표 진술문

- 학급 과제에 대한 점검표

- 연구 노트

- 컴퓨터로 만들어진 학습 결과물(스프레드시트, 자료, 그래픽 등)

- 동료 또는 학부모 피드백 양식

자기 성찰 질문지

다중지능을 접목한 교실에서의 개별화된 평가의 가장 중요한 측면 중 하나는 학생들 스스로에게 자신의 작품을 평가할 수 있는 방법을 가르치는 것이다. 비록 아주 어린 학생들이라 할지라도 그렇게 하도록 훈련받으면 자신을 되돌아보는 자기 성찰 기술을 발달시킬 수 있다.

성찰은 학생들의 편집 기술이 발달되도록 돕고, 자신의 작품에 대한 강점과 약점을 확인하도록 도우며, 자신의 개인적 학습을 관리할 수 있도록 돕는다. 필자는 학생들의 포트폴리오에 집어넣을 학습 결과물에 대해 그들로 하여금 자기 성찰을 시키고자 할 때나 특정 과제에 대한 결과물의 질을 학생들에게 평가해 보도록 하고자 할 때 다음 두 가지 양식(개인 성찰 질문지와 자기 평가 질문지)을 사용해보았다.

개인 성찰 질문지

(포트폴리오에 작품을 넣을 때 활용하시오.)

이름: _____ 날짜: _____

작품 제목: _____

1. 작품에 대한 간단한 설명: _____
   _____
   _____

2. 이 과제를 함으로써 무엇을 배웠나요?: _____
   _____
   _____

3. 이 작품을 함으로써 자기 스스로에 대해 무엇을 느꼈나요?: _____
   _____
   _____
   _____

4. 작품을 발전시키기 위해 무엇을 했나요?: _____
   _____
   _____

5. 겪은 도전적 과제나 문제는 무엇인가요?: _____
   _____
   _____

6. 이 작품이 구체적 기준을 충족시키나요? 왜 그런가요? 그렇지 않다면 왜 아
   닌가요?: _____
   _____
   _____
   _____

7. 어떠한 방식으로 이 작품이 당신에게 이 주제에 대해 더 학습하도록 했습
   니까?: _____
   _____
   _____

학생의 자기 평가 질문지

(주어진 과제에 대한 자신의 학습 결과물을 평가할 때 활용하시오.)

이름: _____ 날짜: _____

과제 이름: _____

1. 이 과제에 관한 자신의 목표는 무엇인가?: _____
   _____

2. 그 목표에 대해 얼마나 잘 성취하였나요?: _____
   _____
   _____

3. 이 과제에서 가장 잘 한 부분은 어디인가요?: _____
   _____
   _____

4. 작품 중 개선이 필요한 부분은 어디인가요?: _____
   _____
   _____

5. 이 과제를 할 때 가장 안 좋아한 활동은 무엇인가요?: _____
   _____
   _____

6. 이 작품을 하는 동안 스스로에 대해 배운 것은 무엇인가요?: _____
   _____
   _____

7. 이 과제를 다시 하게 된다면, 어떤 점이 달라질까요?: _____
   _____
   _____

8. 이 과제가 어떻게 다른 교과와 연결될 수 있을까요?: _____
   _____

9. 기준에 준거하여 볼 때, 이 작품은 몇 점을 받을 수 있을까요? 이유는?: ___
   _____
   _____

동료 평가: 샌드위치 비평

전체학급 앞에서 발표가 끝나면 필자는 항상 학생들에게 서로를 비평하도록 한다. 학생들이 눈치껏 그리고 요령껏 건설적인 피드백을 제공할 수 있도록 가르친다. 필자의 학급에서는 피드백이 일상적인 활동으로 되어 있다. 학습센터에서 학습이 끝날 때쯤, 학생들은 그날 창출한 학습 결과물을 자진해서 공유한다. 개인들과 그룹들은 읽기, 쓰기, 예술작품, 촌극, 모형, 노래를 비공식적으로 공유한다. 서로의 생각을 공유한 후, 나머지 시간에는 여러 가지 발표에 대해 강점과 약점을 피력해준다.

피드백을 위한 두 번째 보다 더 형식적인 기회는 학생들이 독립 프로젝트를 발표할 때 주어진다. 각 학생은 건설적인 비평을 듣는다. 발표자 학급의 학생들과 필자는 해당 과제에 관한 기준에 근거하여 비평을 한다. 학생들이 서로 비평할 때 사용하는 기법 중의 하나는 샌드위치 비평이다. 샌드위치 비평에서는 비판적인 점(지적할 점)을 두 가지 긍정적인 점 사이에 위치시킨다. 예를 들어, 만약 필자의 학생인 크리스티가 중세기의 성(城)에 대해 발표를 한다면, 필자는 크리스티의 발표에 대한 샌드위치 비평을 다음과 같이 해 줄 수 있을 것이다.

"크리스티, 나는 너의 중세기 성에 대한 발표를 매우 즐겁게 들었어. 중세기의 성은 나에게는 아주 흥미로운 주제였는데, 그 이유는 중세 사람들이 어떻게 성에서 살았는지에 대해 나는 전혀 몰랐기 때문이야. 그런데 너의 시선은 좀 더 노력이 필요할 것 같아. 너는 고개를 숙이고 계속해서 바닥만 쳐다보고 있었어. 그리고 나는 네가 나를 쳐다봐주기를 원했어. 그렇지만 너의 시각 발표 자료는 아주 좋았어. 특히 성 안에 있는 것들을 보여주는 차트가 좋았어. 그 차트는 내가 당시 사람들이 어떻게 어울리고 어떻게 살았는지를 이해하는 데 큰 도움이 되었단다."

인간의 특성이 다 그러하듯, 크리스티는 그 비평을 기억할 것이다. 그리고 희망적이고 긍정적인 내용 또한 (기대하지만) 기억할 것이다.

수년의 교육 기간 동안, 필자는 샌드위치 비평이 학생들의 작품을 변화시키도록 격려함에 있어서 다른 어떤 평가만큼이나 효과적이라는 것을 알게 되었다. 지속적으로 학생들이 서로의 조언을 받아들이게 된다면 그들은 발견된 장점 위에서 계속해서 성장할 수 있을 것이다.

학생 프로젝트의 평가

매 학년마다 필자의 학생들은 몇 가지 주요 프로젝트를 수행해야 하기 때문에 필자는 시간이 갈수록 각 학생의 프로젝트가 향상되고 있는지에 대해 더 큰 관심을 갖는다. 나는 학생들이 배움을 깨닫기 위해 한 가지 혹은 두 가지 지능에 일관되게 의지하는지, 연구 전략이 향상되었는지, 또는 프로젝트가 더욱 정교하고 세련되어졌는지가 궁금해졌다.

그러한 정보를 알기 위해 필자는 다음과 같은 평가 기준표를 만들었다. 두꺼운 종이 위에 평가표를 복사하여 학생들에게 하나씩 나눠 주었고 매달 프로젝트 발표 때 평가 도구로 사용하도록 했다. 두꺼운 종이는 일 년을 견딜 수 있을 만큼 튼튼하다. 필자는 학생들이 이러한 카드를 사용할 수 있도록 보관했으며, 학생들 또한 한 학년 동안 프로젝트들을 해가면서 자신의 향상 정도를 추적할 수 있었다. 학생들은 스스로 그 평가표에 자신의 생각을 적었다.

프로젝트 평가지

이름: _____

평가 기준	프로젝트								코멘트
	1	2	3	4	5	6	7	8	
효율적인 안내와 함께 시작함									
잘 조직되어 있음									
효율적인 연구를 수행함									
주요 개념들을 이해함									
좋은 지원 자료를 제공함									
좋은 사례를 들고 내용을 정교화함									
끝맺음을 잘 함									
효율적인 발표 기술을 활용함									
시각 자료가 포함됨									
음악 자료가 포함됨									
운동 요소가 포함됨									
대인관계 요소가 포함됨									
자기이해 요소가 포함됨									
논리수학적 요소가 포함됨									
효율적인 언어 요소가 포함됨									

다중지능 성적 보고 카드

필자의 일상적인 평가 과정이 변화되었을 뿐만 아니라 평가 카드도 변화되어 왔다. 필자가 다중지능 수업 모형을 적용하면서부터, 전통적인 성적 보고 카드는 학생들이 배우고 있는 것을 제대로 평가하지 못한다는 것을 깨달았다. 교실에서의 노력을 보다 많이 반영하기 위해서 필자는 다음과 같은 성적 보고 카드를 만들었다. 이 보고 카드는 막대그래프 형태를 이용하여 여덟 가지 지능 분야에서 학생의 발달 정도를 묘사하고자 하였다. 분기마다 다른 색깔을 이용하고, 학생이 발달적으로 각 평가 기준에 따라 초보자 수준, 도제 수준, 개업자 수준, 학자 수준 중 어느 수준에 있는지 나타내려고 하였다. 자연스럽게 이 범주는 바뀔 수 있다.

분기별로 어떤 영역에서 향상도가 보이지 않는 경우에는 발전하지 못한 영역에 정적인 상황을 표시하기 위해 수직선을 그린다. 하지만, 대부분의 학생들은 일 년 동안 각 영역에서 발전을 보인다. 가끔씩 나는 필요할 때면 막대그래프의 아래에 약간의 글을 쓴다. 아래 부분에는 빈 공란을 두는데 추가적인 제안을 쓰기 위함이다. 이 공란에 내가 학부모에게 몇 가지 쓰는 것은 학부모가 자식의 강점을 강화하고 드러난 약점을 보완해 주는 데 기여할 수 있게 하기 위함이다.

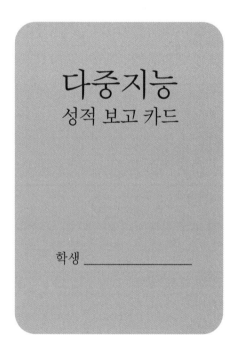

발달지표가 제시된 다중지능 성적 보고 카드

이름: _____

	초보자	도제	개업자	학자	추가 제안
읽기 (언어지능)					
쓰기 (언어지능)					
수학과 과학 (논리수학지능)					
운동과 체조 (신체운동지능)					
체력 활동 (신체운동지능)					
음악 활동 (음악적–리듬적 지능)					
시각 미술 활동 (시공간지능)					
그룹 작업 (대인관계지능)					
반성적 사고 (자기이해지능)					
자연 관련 활동 (자연탐구지능)					
프로젝트 작업 (프로젝트 준비 및 발표)					

초보자: 기본 개념을 인식하고 있으며, 기술을 개발하기 시작함.

도제: 수업과 안내된 연습을 통해 기능이 향상됨.

개업자: 지식과 기술을 적용하여 독자적이고 정확하게 학습함.

학자: 개념과 실제에 대해 완전학습을 드러냄; 새로운 환경에서 적용함.

(색깔로 칠해진 막대그래프는 각 영역의 시작점을 나타내고, 성적 카드가 제시된 시점까지의 향상도를 나타냄. 그래프가 길면 길수록 향상이 많이 되었음을 의미함. 새로운 색깔은 새로운 평가 기간을 의미함.)

다중지능을 적용한
개별화수업 지도안

교사들을 위해 개별화수업과 다중지능이론에 관한 연수회를 할 때마다 자주 접하는
질문은 "저와 함께 공유할 수 있는 준비된 수업 지도안을 갖고 있습니까?"이다. 제
5장에서는 다양한 교과 영역에 걸친 수업 지도안으로 채워졌다. 이미 제2장에서 첫
번째 수업 지도안이 소개되었기 때문에 이 장의 내용은 두 번째 수업 지도안으로
시작된다.

제5장의 내용

> ❦ 제15과: 보스턴 차(茶) 사건(Boston Tea Party)
> ❦ 제16과: 내틀리 배빗(Natalie Babbitt)의 『맛을 찾아서』
> ❦ 제17과: 모양과 변형 – 원기둥의 부피에 관한 수업
> ❦ 제18과: 다중지능 알파벳
> ❦ 제19과: 에드거 앨런 포우(Edgar Allan Poe)에 관한 다중지능 문학 수업
> ❦ 제20과: 다중지능 철자

수업 지도안 양식

여기에 제시된 수업 지도안은 여러 방법으로 가르칠 수 있다. 학생들은 학습센터에서 소그룹 또는 학급 전체 단위로 공부할 수 있다. 또한 시기도 다양하게 적용할 수 있다. 어떤 수업은 한 시간, 하루 만에 끝날 수도 있고, 한 주 또는 한 달 정도 길어질 수도 있다. 여기에 제시된 수업 지도안은 큰 단원의 일부로서 그리고 폭넓은 주제로 활용할 수 있다. 예를 들어, 크리스토퍼 콜럼버스에 관한 수업은 탐험의 시대(Age of Exploration)에 관한 단원에 통합시킬 수 있다.

이와 더불어, 수업 지도안은 여러 개의 개별적인 다중지능 활동으로 나눌 수 있다. 교사는 무엇을 가르칠 것인지와 언제 가르칠 것인지에 대해 결정해야 한다. 여기에 제시된 바와 같이 수업 지도안 내에서의 활동은 그 순서대로 하라는 것이 아니다. 예를 들어, 모든 수업이 언어지능 관련 활동과 함께 시작하지만, 교사에 따라서는 신체운동지능 활동이나 시각 지능 활동으로 시작할 수도 있다. 요약하면, 교사들이 적절하다고 생각하는 순서로 자유롭게 활용할 수 있다.

마지막으로 모든 수업을 여덟 가지 방법으로 가르치는 것이 본질은 아니다. 교사가 날짜와 상관없이 특정 수업에 어울리는 활동을 선택하도록 권한다. 그렇지만, 각 대단원을 학습할 때는 적어도 약간의 시간을 주어 학생들이 각 지능에 참여하도록 기회를 제공하는 것이 중요하다.

제2과: 형용사

교과 영역: 국어

주 교육과정 목표: 수식어의 올바른 사용

가르칠 원리: 문어나 구어는 묘사하는 말로 향상될 수 있다.

단원: 언어능력 부분

학년 수준: 3~8학년

필요한 자료: 모눈종이, 커다란 빈 카드들, 종이와 매직펜들, 두루말이 종이 다섯 장에서 여덟 장, 평가 활동을 위한 몇 가지 형용사를 가지고 있는 문구

언어지능 활동

교사는 칠판에 몇 가지 형용사들을 적는다. 이러한 형용사들을 활용하여 학생들은 교사가 제시하거나 학생들이 제시한 주제에 대해 문구와 문장을 쓴다.

저학년 학생들에게는 빈 칸이 있는 글로 쓰인 이야기를 준다. 이러한 변형에 있어서 학생들의 학습 과제는 칠판의 목록에 적혀 있는 형용사나 자기가 생각해 낸 형용사로 괄호를 채우는 것이 될 수 있다.

논리수학지능 활동

학생들은 주어진 지문에 나타난 형용사, 명사, 동사의 수를 센다. 교사는 연설의 일부분에 예측 가능한 비율이 있는지를 학급에서 가장 글을 잘 쓰는 학생 한 명에게 묻는다. 예를 들면, 동사보다 더 많은 명사, 부사보다 더 많은 형용사 등을 찾아내도록 한다. (이 활동은 적어도 연설의 일부분에 대해 학생들이 사전에 학습했다고 가정한다.) 샘플 차트가 연설의 부분들을 양화하기 위해 제공된다.

문단	명사의 수	동사의 수	형용사의 수
1문단			
2문단			
3문단			
4문단			
5문단			
6문단			

그 다음, 학생들은 막대그래프나 파이그래프를 그리면서 연설의 각 부분의 숫자를 비교한다. 이 활동은 모눈종이 위에서나 컴퓨터로 할 수 있다. 다음 그림은 이러한 사례 그래프를 나타낸 것이다.

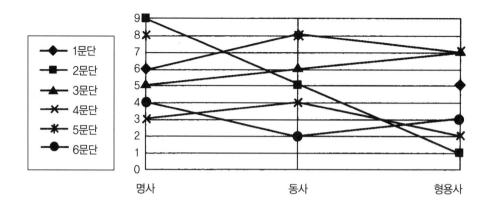

신체운동지능 활동

이 활동을 준비하기 위해서 교사는 커다란 빈 카드마다 한 단어와 함께 문장을 여러 개 써야 한다. 수업이 시작되면, 교사는 여러 개의 빈 카드를 각각의 학생들에게 나누어주고 자원자로 하여금 교사가 미리 만든 단어카드를 들고 교실 앞에 나와 서게 한다. 각 자원자는 하나의 카드만 지녀야 하고, 자원자 그룹이 학급 학생들을 위해 펼쳐질 하나의 문장을 형성해야 한다. 앉아있는 학생들은 자기 자신의 단어 카드에 형용사를 쓰되, 그 형용사는 앞에서 펼쳐진 문장의 형용사를 대체하는 데 알맞은 것이어야 한다. 다 쓴 학생들은 손을 들고, 이름을 부르면 교실 앞으로 나와 문장에다가 자신의 형용사 단어를 끼워 넣는다. 다른 학생들도 교실 앞으로 나와서 자기 어깨 위의 '형용사' 를 툭툭 치면서, 펼쳐진 문장에 바꿔 넣는다. 같은 형식의 과정이 학생 개개인의 활동에서도 이루어질 수 있다. 즉 학생들은 보다 작은 단어카드를 가지고 제자리에서 교사가 제시한 문장이나 교과서가 제시한 문장을 활용하여 할 수 있다. 어떤 교실에서는 그룹으로 공부하는 학생들은 다른 그룹의 학생들이 문장을 구성하는 데 사용할 수 있도록 그들 자신의 단어 카드를 만들 수 있다.

시공간지능 활동

학생들은 명사를 형용사와 함께 설명하기 위해서 원 지도를 만들었다. 원 지도는 단순한 거미집 그물망 또는 마인드맵으로서 하나의 원이 가운데 있고, 주위에 형용사를 담고 있는 작은 원들이 접해 있는 것이다.

단지 형용사—설명하는 단어—만이 그 작은 원에 들어갈 수 있다는 것을 학생들로 하여금 알게 하는 것이 중요하다. 시각적으로 사고하는 학생들에게는 이런 활동이 쓰인 단어에 대응하는 정신적 이미지를 창출하는 데 유용한 도구가 될 수 있다.

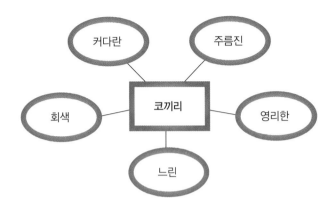

음악지능 활동

학생들은 그들이 모두 알고 있는 노래를 고른 후에 가사에 있는 형용사를 바꾼다. 예를 들어, "Mary had a little lamb. / Its fleece was white as snow"는 어린 학생들에게 잘 어울린다. 교사들은 다른 학생들의 이름을 불러 'little' 이나 'white' 를 다른 형용사로 소리 내어 대치하여 학생들이 노래 부르도록 한다. 이 활동은 단어카드와 함께 신체운동지능 활동을 곁들여 할 수 있다.

대인관계지능 활동

네 명 또는 다섯 명이 한 그룹으로 활동하면서 학생들은 마스코트를 고르고 그 마스코트를 설명하는 네 가지 또는 다섯 가지의 형용사를 고른다. 그리고 나서 마분지에 그 마스코트를 그린다. 그룹에 속한 각 학생은 그룹 구성원들이 내놓은 형용사에 근거하여 마스코트의 특성을 그려내는 책임을 진다.

예를 들어, 어떤 그룹이 마스트코로 외계인을 고른다고 가정해보자. 학생들은 초록색, 끈적끈적한, 이를 다 드러낸, 못생긴, 웃고 있는 외계인을 생각하고 그에 맞는 형용사를 선택할 것이다. 그룹 구성원들은 이러한 형용사에 따라 '초록색의, 끈적끈적한, 이를 다 드러낸, 못생긴, 웃고 있는' 외계인을 그리고 나서, 그 외계인을 형용사와 일치하도록 특성에 따라 색칠한다.

그 다음에 각 그룹이 교실 앞으로 나와 친구들에게 그림을 보여준다. 다른 그룹들은 앞에서 나와 발표하는 조의 마스코트를 묘사하는 다섯 개의 형용사를 맞춰야 한다.

자기이해지능 활동

자기 자신에 대한 이해를 증진시키기 위해 각 학생은 자신을 설명하는 형용사 목록을 만들거나 자신에 관한 이야기를 쓴다.

수업을 한 단계 더 확대하기 위해서는 교사가 학생들이 그와 같은 형용사를 왜 쓰게 됐는지 설명하도록 한다. 예를 들어, 한 학생이 "저는 우울한 사람이에요. 제가 우울한 이유는 제 강아지가 지난 주에 죽었기 때문인데 저는 그 강아지가 너무도 그리워요. 저는 또한 책임감 있는 사람이에요. 저는 다른 사람이 말하기 전에 저의 일을 모두 처리하기 때문이지요."

자연탐구지능 활동

나무, 동물, 곤충, 바위, 식물처럼 설명할 가치가 있는 자연 대상은 수없이 많다. 형용사를 이용한 연습으로 교사는 학생들을 둘씩 짝짓게 하고 A와 B에게 각자의 역할을 부여한다. 교사는 A에게 동물, 식물, 또는 자연 대상물을 선택하게 하고 B에게는 형용사를 선택하도록 한다. 그 다음에 그 짝이 각각 선택한 단어들을 옳게 짝지어 놓도록 한다. (예를 들어, 엄청난 고양이) 그런 후에 학생들은 역할을 바꾸어, 이번에는 B가 동물, 식물, 자연 대상물을 선택하고, A가 설명하는 형용사를 선택하게 한다.

평가

컬러 마커를 이용해 학생들은 지문에 나타난 모든 형용사에 밑줄 긋게 한다. 그러고 나서 학생들은 파트너와 학습지를 맞바꾸고 다른 색깔의 마커를 이용해 고쳐주게 한다.

제3과: 자기장(磁氣場)

교과 영역: 과학

주 교육과정 목표: 자연에 있는 힘

가르칠 원리: 자기장은 끌어당기는 힘과 밀어내는 힘으로 구성되어 있다.

단원: 물리(전기와 자기)

학년 수준: 3~10학년

필요한 자료: 자석과 자기에 관한 정보가 들어 있는 유인물, 다양한 크기와 모양의 자석, 종이 클립, 핀, 못, 쇠의 줄밥, 하나 이상의 조그만 우편 저울, 타악기 등

선택 자료: 작은 상자들, 전선, 나침반

언어지능 활동

과학 교재, 백과사전, 도서관 책 등에서 학생들은 자석과 자기에 대해 읽는다. 많은 문헌이 다양한 자석의 자기장에 대해 설명하고 있거나 실례, 도해 따위로 설명하고 있다. 선택한 것을 읽은 후에, 학생들은 어떻게 자석이 만들어지는지, 어떻게 자석이 작용하는지, 무엇이 자성을 만들어 내고 어떻게 다른 모양의 자석이 사용되는지에 대해 답을 쓸 것이다.

논리수학지능 활동

다양한 크기와 모양을 가진 자석을 공부하면서 학생들은 가능한 한 많은 종이 클립이나 다른 금속 물체를 끌어 올리려 한다. 각각의 자석이 얼마나 많은 종이 클립을 끌어 올렸는지 수를 세고 기록을 한다. 다양성을 부여하기 위해, 학생들로 하여금 클립을 우편 저울로 달게 하고, 각 자석이 끌어 올린 물체의 무게와 비교해보게 한다. 학생들은 자석의 힘이 물체에 따라 달라지는지를 알기 위해 핀, 못, 다른 물체 등을 끌어당겨 본다.

신체운동지능 활동

학생들은 자석들과 다양한 자성체 및 비자성체들을 가지고 실험하면서, 놀이도 해보고 그들이 직접 속성과 힘을 관찰해 본다. 그러고 나서 교사는 학생들에게 어떤 물체가 자성체인지 보다 심도 있는 방법으로 관찰하도록 한다.

많은 과학책들이 제시한 아주 훌륭한 활동은 학생들로 하여금 전기 자석을 만들어 보고 전기의 자석적 효과를 볼 수 있도록 하는 것이다. 전기 자석을 만드는 방법을 시범해 보이기 위해서, 교사는 조그만 보석상자 크기의 상자에다 전선을 여러 차례 감아 코일을 만든다. 그 다음 교사는 전선의 양 끝 피복을 벗기고, 건전지를 양 극에 갖다 붙인다. 나침반을 상자 안쪽에 놓고 상자를 돌리면 나침반의 바늘이 전선과 일직선으로 선다. 학생들은 나침반 바늘이 어떻게 움직이는가를 관찰한다.

만약 전선의 끝이 앞과 뒤로 왔다 갔다 하면서 똑같은 속도로 바뀌면, 나침반에 있는 바늘이 돌기 시작한다. 학생들은 자신들이 관찰한 현상에 대해 설명을 시도한다.

시공간지능 활동

그룹으로 활동하면서 학생들은 하얀 종이 아래에 자석을 두고 철가루를 종이 위에 뿌릴 때 나타나는 막대자석의 자기장을 그린다. 학생들이 종이를 가볍게 털면 철가루가 자극으로부터 원형으로 배열되면서 뚜렷한 무늬를 띠게 된다. 학생들은 연필이나 목탄을 사용해 비슷한 패턴을 그리고, 왜 이러한 현상이 일어나는지 설명한다.

다양성을 위해 학생들은 종이 아래에 두 개의 막대자석을 놓고 양 자극에 철가루에 의해 만들어지는 서로 다른 패턴을 관찰한다. 두 자석 간에 작용하는 끌어당기는 힘(인력), 밀어내는 힘(척력)에 의해 만들어지는 자기장에 의한 철가루의 패턴을 관찰한다. 학생들은 또한 이 패턴을 그리고 자석의 극에 대해 알아본다. 만약 양 극이 서로 같으면 N극과 N극 또는 S극과 S극이고, 만약에 다르면 N극과 S극이다.

음악지능 활동

교사는 작은 그룹으로 나뉜 학생들에게 드럼, 트롬본, 리듬 막대기 혹은 타악기를 주고 서로 끌어당기거나 서로 밀어내는 선율을 만들도록 한다. 서로 끌어당기는 선율은 음을 보완해 주는 두 악기(두 그룹의 악기)에 의해 만들어진다. 이와는 반대로 서로 밀어내는 선율은 동시에 연주된다. 또는, 서로 끌어당기는 선율은 메아리(한 학생이 리듬을 치면 다른 학생은 이를 따라 한다)를 담고 있는 반면, 서로 밀어내는 선율은 이와 반대로 일어난다.

대인관계지능 활동

학생들은 자석과 자기장을 몸으로 표현하기 위해 옆 친구들과 팔짱을 끼고 짝을 지어 선다. 교사는 몇 초 간격으로 학생들에게 지시를 한다.

"너희 두 명은 모두 자석이다. 너의 팔은 양극이고 너의 등은 음극이다. 자기장은 내가 '켜짐'을 외칠 때 사라진다. 서로 얼굴을 보면서 서 있되, 3피트 정도 떨어져라. 켜짐. 이번에는 한 학생이 반 바퀴를 돈다. 파트너는 앞에서 뒤로 서게 되는 것이다. 켜짐. 이번에는 다른 학생이 돌아서면 다른 한 학생은 뒤에서 뒤로 서게 되는 것이다. 켜짐."

교사의 지시는 학생들이 개념을 이해할 때까지 계속된다. 다양한 활용은 또한 '높고 낮음', '빠르고 느림', '부드럽고 거침', '크고 작음' 그리고 또 다른 기본적인 동작에 더해질 수 있다. 음악이 더해지면 활동은 자석 댄스로도 응용될 수 있다.

자기이해지능 활동

학생들에게 생활에서 일어나는 자성 현상에 관해 일지에 반영해 써보도록 시킨다. 다음과 같은 문장의 시작 부분을 제공한다.

나는 …… 것에 의해 끌림을 느꼈다.
나는 …… 것에 의해 거절을 당했다.

자연탐구지능 활동

학생들이 자연의 힘으로서 자성을 이해하도록 돕기 위하여 교사는 학생들에게 단순하게 두 자석의 힘을 관찰하고 경험하도록 요구한다. 신체운동지능 활동과 겹치는 것이 분명하나, 이 활동의 목적은 학생들로 하여금 자기장의 힘을 느끼게 하는 것이다. 학생들은 또한 자석과 다양한 형태의 자성체와 비자성체를 가지고 실험할 수 있으며, 어떤 물체가 자석에 의해 끌어당겨지며, 어떤 물체가 끌어당겨지지 않는지를 예측한다.

평가

자연의 힘으로서 자성을 이해한 것을 발표하는 것을 돕기 위해 교사는 학생들에게 자석, 철가루, 그리고 다른 자성체와 비자성체를 제공한다. 그리고 나서 그들로 하여금 자성의 원리를 설명하기 위해 스스로 실험해 보도록 한다. 학생들은 개별적으로 또는 작은 그룹을 지어 어떤 현상이 일어나며 왜 자기장이 생기는지를 설명하도록 한다.

제4과: 분수의 덧셈

교과 영역: 수학
주 교육과정 목표: 수학은 수와 수의 부분으로 이루어진다.
가르칠 원리: 전체의 부분들은 합해질 수 있다.
단원: 분수
학년 수준: 4~6학년
필요한 자료: 분수 이야기가 들어 있는 유인물(언어지능 활동에서), 음악 악보, 콩 또는 다른 조작적 자료, 학생 1인당 1장의 카드

언어지능 활동

마리아는 갑자기 분수의 나라에 있는 자신을 발견하였습니다. 집이 반 쪽이며, 산은 2/3, 나무는 1/4이었습니다. 동물들까지도 분수로 나타났습니다. 개는 단지 3/4의 다리만 보였고, 코끼리 코는 4/5였습니다. 가장 이상한 것은 오로지 한쪽 날개만 달고 있는 새들이었습니다. 즉, 하나의 날개는 계속해서 원을 그리며 날고 있었습니다.

낡은 기차가 산을 오르고 있었습니다. 꼭대기까지는 204마일입니다. 세 시간이 지난 후, 기차는 중간 기점을 표시해놓은 곳을 통과하였습니다. 기관사는 자신이 꼭대기의 반쯤 와 있다는 것을 알았습니다. 그러나 산은 점점 더 험해지고 기차의 속도는 점점 더 느려졌습니다. 다시 세 시간이 지난 후 앞서 중간 기점에서 꼭대기까지의 절반에 도달했습니다. 이 기차는 산의 꼭대기에서 얼마만큼 떨어져 있습니까?

학생들에게 분수에 초점을 맞춘 두 이야기들을 복사한 유인물을 나누어 준다. 이 이야기들에 기술된 이미지들을 설명하도록 한다.

학생들로 하여금 두 이야기를 읽고 설명하도록 하고 나면, 학생들은 자신의 분수 문장 문제 또는 이야기를 창출한다.

논리수학지능 활동

학생들로 하여금 그들이 수학 교과서 저자들이라고 가정하도록 한다. 학생들은 자신의 말로 분수의 덧셈 공식을 만들어 내고, 그들이 만든 공식의 사례를 제시한다.

신체운동지능 활동

블록, 계수기, 콩 등과 같은 조작적 자료들은 분수를 공부하는 데 유용하게 사용될 수 있다. 조작적 자료가 없다면 교사와 학생들은 종이를 잘라 피자 모양과 같이 만들어 간단한 분수 세트를 만들 수 있다.

한 가지 활동 사례에서는 각 학생에게 24개의 콩을 나누어 주고 콩을 반으로 나누어 그룹을 만들도록 한다. 또한, 그 반을 또 나누어 두 그룹으로 만들도록 한다. 학생들은 이제 12개 한 묶음과 6개 두 묶음인, 모두 세 묶음의 콩을 갖고 있어야 한다. 교사는 두 작은 묶음이 각각 전체 묶음의 1/4임을 설명한다. 그리고 학생들에게 만약 하나의 1/4묶음에 다른 1/4묶음을 더하면 몇 개의 콩을 갖게 되는지 질문한다. 이 경우 전체의 얼마인지 분수로 나타내도록 한다.

시공간지능 활동

학생들은 카드스톡을 가지고 분수 띠를 만들 수 있다. 각 학생은 아래 보이는 바와 같이 2인치 폭에 12인치 길이의 띠를 다섯 조각씩 잘라 낸다.

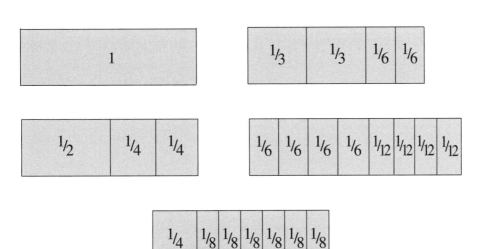

　각 띠에 라벨을 붙인 후, 교사는 학생들로 하여금 띠를 분수 부분대로 오려내도록 한다. 각 조각은 뒷면에 학생들의 이름을 쓰고 잃지 않도록 편지 봉투에 넣어 보관하도록 한다. (분수 띠 게임은 다음에 제시한 대인관계 지능 활동에 설명해 놓았다.)

음악지능 활동

분수를 배우는 시기는 음악 읽기를 배우는 시간과 완전하게 맞아 떨어진다. 교사는 학생들에게 음악 악보 종이를 제공하고 4분 음표, 2분 음표, 온음표를 보여준다. 세 가지 음표에 대해 배우고 나면 학생들은 손뼉을 치거나 리듬 막대를 사용하여 음악을 만든다. 교사 또는 학생이 (온음표에 해당하는) 일정한 리듬으로 손뼉을 치면, 학생들은 리더를 따라 한다. 그런 후 학급은 두 배로 손뼉을 치고(2분 음표), 4배로 친다(4분 음표).

대인관계지능 활동

앞서 시공간지능 활동에서 나왔던 분수 띠를 이용한 게임을 여기서 설명한다. 게임은 두 명에서 네 명으로 구성된다.

전체 학급이 게임하기

1. 게임하는 사람들의 분수를 한꺼번에 모아 섞는다.

2. 섞은 카드가 없어질 때까지 각 선수가 돌아가면서 한 장의 카드를 뽑는다.

3. 각 선수는 잘라지지 않은 분수 띠에 다른 분수를 더함으로써 1을 만들어야 한다.

짝 활동

1. 짝이 지어진 학생들은 카드를 모아 같이 섞는다.

2. 교사가 2분에서 4분 정도 시간을 정한다.

3. 정해진 시간 내에 가장 많은 1/2을 만든 짝이 승리한다.

열 장의 카드를 이용한 놀이

1. 세, 네 명의 학생이 한 그룹을 이룬다.

2. 각 학생이 10개의 분수 카드를 고른 후에 조별로 카드를 모아 섞는다.

3. 조별 활동에서 학생들은 최대한 많이 1을 만들어야 한다.

자기이해지능 활동

학생들은 각각의 분수 띠 뒤에 (비디오 게임, 책 읽기, 음악 듣기, 축구하기, 전화로 이야기하기, 아이스크림 먹기 등과 같은) 자신들이 가장 하기 좋아하는 것을 쓴다. 그리고 하루 활동을 만들기 위해 그들의 분수 띠 조각을 함께 모은다. 하루 온 종일은 많은 부분을 갖고 있다.

자연탐구지능 활동

앞서 제시한 신체운동지능 활동은 작은 조각, 조개껍데기, 솔방울, 나무젓가락, 솔잎, 나뭇잎과 같은 것을 이용해 할 수 있다. 학생들은 위와 같이 그들이 사용했던 것을 모아서 다른 여러 가지 분수 관련 활동을 위해 작은 상자에 보관한다.

평가

개인적으로 또는 짝을 이루어 학습하면서 학생들은 분수 띠를 하나로 모은다. 그들은 분수에 관해 이해했다는 것을 증명하기 위해 그들의 띠를 다시 각각의 1로 합쳐 다섯 개를 만들어야 한다. (만약 그들이 둘씩 학습한다면 1개의 1로 합쳐야 함) 재미를 더하기 위해서 교사는 시간을 제한할 수 있다. 다양성을 부여하기 위해, 분수 조각들을 모두 뒤집어 놓은 후에 학생들로 하여금 그 조각들을 시각적으로 맞추게 한다. 이 작업을 하는 데 여러 방법이 있다는 것을 교사와 학생이 함께 깨닫는 것이 중요하다.

제5과: 크리스토퍼 콜럼버스(Christopher Columbus)

교과 영역: 사회
주 교육과정 목표: 탐험
가르칠 원리: 탐험은 본토 문화에 영향을 미친다.
단원: 초기 미국 역사
학년 수준: 3∼8학년
필요한 자료: 대조를 이루는 콜럼버스의 새 세계 항해에 관한 문서, 마분지, 세계지도, 디지털 프로젝터, 카리브와 유럽 음악 (음악지능 활동 참고)

언어지능 활동

많은 사회과 교과서는 콜럼버스의 항해를 하나의 견해로부터 기술하고 있다. 콜럼버스의 아메리카 도착에 대해 하나의 대안적인 관점을 제공하는 아주 좋은 자료가 하워드 진(Howard Zinn)이 지은 『A People's History of the United States』이다. 학생들은 제1장부터 진의 관점으로부터 배운다. 진의 관점에 의하면, 콜럼버스는 위대한 탐험가이기도 하지만 아라와크인들(Arawaks) 땅을 침범하여 그들의 문화를 거의 전부 파괴시켜 버린 무자비한 정복자이기도 하다. 학생들은 콜럼버스 삶의 상반되는 측면을 읽을 것이고, 그가 일반적으로 영웅으로 묘사되는 것, 그가 기여한 것, 미국 원주민들에게 미친 그의 영향을 조정하려고 할 것이다.

논리수학지능 활동

콜럼버스의 대서양 항해를 공부하는 것은 학생들에게 지도와 축척에 대해 공부할 수 있는 기회를 제공한다. 또한 거리, 비율, 시간 등 수학 문제를 배울 수 있게 한다. 교사들은 학생들에게 다음과 같은 자료를 제공하기를 원할 것이다.

- 콜럼버스는 4,000마일 이상을 여행했다.

- 콜럼버스가 대서양을 횡단하는데 갈 때는 36일이 걸렸으며, 돌아올 때는 58일이 걸렸다.

- 그의 선두 배는 산타 마리아(Santa Maria)로, 80피트 길이에 오직 40명만을 태웠다.

- 오늘날 대양을 횡단하는 배들은 종종 1,000피드 길이에 3,000명 이상의 여행객을 실어 나를 수 있다.

위와 같은 사실은 수학 문제 해결을 위한 충분한 자료가 된다. 학생들이 풀 수 있도록 다음과 같은 몇 가지 예시 문제를 줄 수 있다.

1. 만약 콜럼버스가 1492년 8월 12일에 카나리 섬(Canary Islands)에서 출발하여, 10월 12일에 바하마(Bahamas)에 도착했다면, 콜럼버스가 바다에서 보낸 날은 며칠인가?

2. 만약 핀타(Pinta), 니나(Nina), 산타 마리아(Santa Maria)가 36일 동안 4,286마일을 여행했다면, 하루 평균 몇 마일을 여행했는가?

3. 콜럼버스는 90명과 함께 여행을 떠났다. 7명이 서쪽으로 여행하는 도중에 죽었다. 15명은 바하마에 남았다. 9명의 아라와크인들이 유럽으로 돌아오기 전에 배에 승선했다. 19명은 귀국하는 과정에서 만난 태풍으로 실종됐으며, 12명의 승무원은 아조레(Azores)에서 사라져 버렸다. 몇 명이 콜럼버스와 함께 포르투갈로 돌아왔는가?

4. 산타 마리아호의 길이는 80피트이고, 핀타호는 72피트이며, 니나호는 67피트이다. 만약 세 척의 배가 항구 뱃머리에서 선미를 맞대고 정박하려면 항구의 길이는 최소한 얼마가 되어야 하는가?

5. 만약 1,027피트 길이의 현대 대양 수송선이 콜럼버스의 세 배 옆에 나란히 정박하고 있다면, 핀타, 니나, 산타 마리아호를 합한 길이보다 얼마나 더 긴가?

신체운동 지능 활동

학생들은 콜럼버스의 카리브 도착을 극화해 본다. 학생들은 콜럼버스, 그의 동료들, 이들을 맞이하는 아라곽인들의 역할을 가정한다. 당사자들이 했던 역할을 강조하기 위해서 가능한 한 많은 대화를 포함시킨다.

시공간지능 활동

학생들은 교실에 걸 큰 세계지도나 복도에 걸 벽화를 만든다. 지도는 마분지 조각을 테이프로 덧붙여서 만들 수 있다. 지도의 개요를 만드는 가장 손쉬운 방법은 종이를 벽에 붙이고 천정 프로젝터 또는 디지털 프로젝터[투광기(投光器)]를 이용하여 세계지도를 마분지에 비추는 것이다. 학생이나 교사가 종이에 대륙들의 개요를 조사할 수 있다.

학생들은 교사가 선택한 특징마다 색을 칠할 수 있다. 즉, 산맥, 나라, 강, 도시, 중요한 역사적 사건이 일어난 장소, 학급 학생들의 또는 그들 조상들의 조국, 또는 콜럼버스의 항해 경로 등을 나타낼 수 있다. 이 지도는 새로운 단원을 공부하면서 부가적인 특징들이 더해지는 작업 중인 자료의 역할을 할 수 있다. 콜럼버스의 항해와 다른 탐험가들 항해로가 다른 색깔의 털실을 사용하여 표시될 수 있다. 이와 같은 지도는 학년 전체 기간 동안 새로운 사람과 장소를 공부할 때마다 점점 더 확장된다.

음악지능 활동

학생들은 유럽 문화와 카리브 문화에 나타난 당시의 음악을 듣는다. 15세기 후반과 16세기 초반 유럽을 대표하는 음악은 아마 종교 음악일 것이다. '그레고리 사람들(Gregorian)의 노래'는 여전히 많이 불리고 있었으며, 마드리갈(무반주 합창곡의 일종)도 나타나기 시작했고, 류트(14~17세기의 기타 비슷한 현악기)같은 현악기로 연주되는 곡들도 유행했다. (이러한 음악을 녹음해 놓은 것은 쉽게 구할 수 있다.) 15세기와 16세기의 카리브 음악은 조금 확실하지 않다. 철제 드럼 음악의 일부가 녹음되어 남아 있어 오늘날 그 시대와 장소를 생각나게 할 정도이다.

학생들은 선택한 음악을 듣고 각 음악 작품이 자신들로 하여금 무엇을 생각나게 하는지, 음악에 사용된 악기와 각 음악 작품이 만들어 내는 분위기를 생각해 본다.

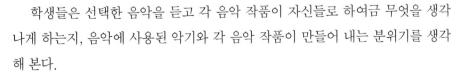

대인관계지능 활동

네 명에서 여섯 명으로 구성된 그룹으로 공부하면서, 학생들은 평화적으로 두 문화를 섞는 방안을 토론한다. 학생들은 두 가공의 문화 사이, 그 당시의 두 문화 사이, 또는 미국 원주민 문화와 유럽 문화 사이에 가설적인 상황을 두고 두 문화를 섞는 방안을 토론한다.

그룹이 고려할 수 있는 몇 가지 질문은 다음과 같다.

- 혼합된 문화를 만들기 위해서는 한 문화가 지배적이어야 하는가?
- 각 문화의 어떤 독특한 특성이 유지되어야 하는가?
- 어떤 공통적인 자질이나 특성이 혼합된 새로운 문화를 개발하는가?
- 서로 혼합됨에 있어서 각 문화의 어떤 것들이 기꺼이 희생되어야 하는가?
- 정치 형태는 어떻게 수립되어야 하는가?
- 어떻게 하면 독재의 위험 없이 그와 같은 혼합이 이루어질 수 있는가?
- 각 문화의 어떤 요소가 반드시 유지되어야 하고 어떤 것이 버려져야 하는지에 대해 누가 결정권을 갖고 있는가?

자기이해지능 활동

학생들은 다음 질문에 글로 답한다. "만약 여러분 자신이 아라곽인의 대표라면 유럽인들의 도착에 대해 어떻게 대응하시겠습니까?"

자연탐구지능 활동

학생들은 콜럼버스 항해 길을 따라 대서양과 카리브 해에 살고 있는 생명체에 대해 탐구한다. 콜럼버스가 관찰했음직한 해양 생물과, 그러한 생물들을 문(門; 동식물 분류학상의 최고 구분), 강(綱; phylum과 order의 중간), 목(目; class와 family의 중간급)으로 어떻게 분류하고 범주화할 것인가에 대해 토론한다.

평가

학생들은 콜럼버스의 아메리카 도착과 관련된 복잡한 쟁점에 관한 이해 정도를 증명해 보인다. 학생들은 오늘날 서로 직면하고 있는 문화들과 콜럼버스 시대에 미국 원주민과 유럽인 사이에 직면했던 두 문화 사이를 비교한다. 학생들은 어느 한 가정이 새로운 동네로 이사하는 것이나, 새로운 학생이 새로운 학교에 전학을 하는 것, 또는 최근 국제적인 문제 등을 글로 써도 좋고 역할놀이를 해도 좋다.

학생들은 자신들이 묘사하려는 시나리오와 콜럼버스의 서인도제도 도착에 관한 유사점과 차이점을 다루어야 한다. 또한, 몰려드는 두 문화들 사이의 관계가 어떻게 서로 열리는가에 대해 전망해야 한다.

제6과: 고래

교과 영역: 과학

주 교육과정 목표: 다양한 주거지

가르칠 원리: 공기로 숨을 쉬어야 하는 바다에 사는 해양 동물

단원: 포유동물

학년 수준: K-8학년

필요한 자료: 고래와 관련된 도서관 자료, 마분지와 신문지, 쥬디 콜린스(Judy Collins)가 부른 'Whales and Nightingales', 또는 녹음된 고래 노래, 색분필 큰 것, 책 만들기 재료 등

언어지능 활동

고래와 그 밖의 해양 동물에 관한 책은 도서관에서 쉽게 찾아볼 수 있다. 학생들의 읽기 수준에 따라 고래에 관한 책을 나누어 주고 다양한 종류의 고래들과 이들이 어떻게 대양에서 살아가고 있는지에 대한 간단한 보고서를 쓰도록 한다. 읽기 수준이 낮은 학생들을 위해 교사는 시각 자료를 활용하여 고래가 어떻게 사는

지를 설명하는 간단한 안내를 해주어야 한다. 이것이 끝나면 학생들은 고래를 그리고, 각 부분에 이름을 붙인 다음, 어떻게 고래가 살고 숨을 쉬는지에 대해 해설과 그림 형태로 설명하도록 한다.

논리수학지능 활동

학생들은 고래들의 삶에 대해 양적으로 탐구한다. 고래의 크기(예를 들어, 청고래는 100피트 길이까지 자랄 수 있음), 무게, 먹는 음식의 양, 고래가 사는 바다의 온도, 잠수할 수 있는 깊이, 숨을 안 쉬고 물속에서 견딜 수 있는 시간 등에 관한 흥미로운 정보를 입수할 수 있다. 학생들은 차트를 만들어 고래의 다양성을 비교, 대조할 수 있다.

학생들은 또한 고래에 관한 사실을 활용하여 다양한 문장제 문제를 만들어 볼 수 있다. 다음에 주어진 사례에서와 같이, 문제는 단순한 수학 문제로부터 시작하여 문제해결을 요하는 복잡한 문제에까지 다양하다.

1. 만약 다섯 마리의 고래가 세 마리의 고래를 만나면 모두 몇 마리가 될까요?

2. 만약 한 마리의 고래가 하루에 500파운드의 크릴[남극해산(産)의 새우 비슷한 갑각류]을 먹는다면, 일주일에 크릴을 몇 파운드나 먹게 될까요?

3. 만약 어느 바다 표면 온도가 52°F 이고, 그 온도가 75피트마다 5°F 씩 낮아진다고 할 때, 혹등고래가 1,275피트까지 잠수한다면, 그곳의 수온은 얼마나 되겠습니까?

4. 왜 해변으로 나온 고래들은 여전히 공기로 숨을 쉴 수 있음에도 불구하고 죽을까요?(답은 중력, 부력의 결핍, 허파에 미치는 압력 등과 관련되어야 함)

신체운동지능 활동

많은 게임이 고래 주제에 적용될 수 있다. '대양에 있는 고래'는 실외나 체육관에서 할 수 있는 게임이다. 학생들이 체육관의 한쪽 끝이나 운동장에 한 줄로 늘어선다. 한 사람을 고래지기(고래를 지켜보는 사람)로 선정한다. 학생들은 그룹으로 나뉘어 네 가지 유형의 고래(예를 들어, 향유고래, 혹등고래, 범고래, 긴수염고래) 중에서 한 가지를 택한다. 고래지기는 무작위로 네 유형 중 하나의 고래를 소리쳐 부른다. 고래지기가 부른 이름의 그룹은 운동장의 반대쪽 방향으로 달린다. 이 때 고래지기는 달리는 사람을 잡아야 하고, 달리는 사람은 고래지기에게 잡혀서는 안 된다. 만약 고래지기에게 잡히면, 잡힌 사람이 고래지기가 되는 것이다. 만약, 처음 고래지기가 '대양에 사는 고래' 라고 외치면 모든 사람이 달려야 한다. 가장 마지막으로 잡힌 사람이 새로운 고래지기가 되어 게임은 다시 시작된다.

　실내 활동으로 적절한 것은 거대한 고래를 만들어 교실이나 복도에 매다는 것이다. 필자가 아는 한 학급에서는 거대한 마분지를 여러 장 풀칠을 해 붙이고, 그 안에 신문지를 구겨 넣어 장식을 해서 약 25피트(약 7.5m) 크기의 범고래를 만들었다. 그 고래는 한 해 동안 도서관에 매달아 두었다.

시공간지능 활동

거대한 청고래를 이해하기 위해서 일단의 학생들이 학교 운동장이나 주차장 또는 학교 등교길 등 포장된 표면에 고래 한 마리를 그린다. 분필(비가 오면 씻겨 없어짐)을 이용하여, 학생들은 빠르게 스케치하고 큰 청고래에 색칠한다. 등지느러미, 분수 구멍, 고래수염 등과 같은 몇몇 기관도 그려서 명칭도 붙인다. 필자가 아는 2학년들이 이것을 했다. 그들의 프로젝트는 지역 신문에 실리기도 했다.

　이와 같은 프로젝트를 하고 싶어 하는 학급 내 학생들은 다양한 고래의 크기에 대한 비율을 개별 차트에 계산해내야 한다. 고래에 관한 대부분의 백과사전이나 책들이 그러한 차트를 제공하고 있다.

음악지능 활동

여러 개의 테이프와 CD 등이 혹등고래의 노래들을 싣고 있다. 일부는 단순히 고래 소리를 들려주지만, 쥬디 콜린스의 앨범 'Whales and Nightingales' 는 고래 노래와 악기 소리를 조합한 노래를 들려준다.

　학생들은 구체적인 소리 또는 패턴을 들으면서 이 음악을 분석한다. 학생들은 초점형 활동으로서 이 음악을 듣거나, 다른 교실 활동을 하는 동안 배경음악으로 들을 수 있다.

대인관계지능 활동

미술, 연구, 읽기 기능과 결합하는 활동으로서 학생들은 네 명 내지 다섯 명으로 된 그룹으로 나뉘어 고래에 대한 책을 만들 수 있다. 그룹은 책 만들기를 위한 과제에 따라 연구자, 작가, 삽화가, 지면 배치 및 편집원, 표지 디자이너 등의 역할을 부여받는다. 이와 같은 프로젝트는 학생들이 계획하고, 준비하는 데부터, 그룹의 고래 책을 완성하는 데까지 아마도 한두 주 이상의 시간을 요할 것이다.

자기이해지능 활동

학생들은 '만약 내가 고래라면 나는 (고래의 종류)가 될 것이다.' 와 같은 문두 (질문)에 대답하면서 자신의 이야기를 쓴다. 가장 좋아하는 고래 유형을 택하고, 왜 그런 선택을 했는지에 대해 쓴다. 다음과 같은 몇 가지 질문을 다루어야 한다.

길이가 얼마나 깁니까?

무게가 약 얼마나 나갑니까?

무엇을 먹습니까?

무엇을 닮았습니까?

어디에 살며 어디를 돌아다닙니까?

물속에서 얼마나 오래 있을 수 있습니까?

당신에게 가장 큰 위험요소는 무엇입니까?

사람에게 조련되어 쇼 등에 출연하는 것에 대해 어떻게 생각합니까?

당신이 사는 방식과 비교하여 독특한 점은 무엇입니까?

다른 종류의 고래와 비교하여 유사점과 차이점은 무엇입니까?

당신의 가장 큰 두려움과 걱정은 무엇입니까?

자연탐구지능 활동

고래에 관한 표를 만든다. 이 표에는 고래들의 이름과 특성이 포함되어야 한다. (예: 지역, 길이, 무게, 이빨 또는 수염, 개체 수, (바다표범 · 고래 · 상어 등의) 개체군의 크기 등) 이 활동은 전체 학급이 할 수도 있고, 소그룹 활동으로 나누어 할 수도 있으며, 구체적인 줄과 칸을 그룹이나 개인에게 책정해서 할 수도 있다. 제시된 보기는 다음과 같다.

유형	길이	무게	이빨 또는 고래수염	예상 개체 수
혹등고래				
범고래				
긴수염고래				
참고래				
회색고래				
향유고래				

평가

이 수업에서는 대인관계지능 활동 또는 자기이해지능 활동이 평가를 위해 활용될 수 있다.

제7과: 벤저민 프랭클린(Ben Franklin)

교과 영역: 사회, 공민

주 교육과정 목표: 민주주의

가르칠 원리: 언론의 자유는 미국 국민의 기본권이다.

단원: 식민지 미국

학년 수준: 4~9학년

필요한 자료: 벤저민 프랭클린에 대한 도서관 책 또는 웹사이트, 정치 만화, 잡지 자료

현장 체험 학습(선택): 인쇄소 또는 지역 신문사 방문

언어지능 활동

연구자들에게는 원본 자료가 교과서보다 훨씬 타당할 뿐만 아니라 때에 따라서는 교사와 학생들에게 보다 많은 흥미를 제공한다. 교사들은 벤저민 프랭클린의 원저를 찾기 위해 지역 공공 도서관을 방문하거나 'Benjamin Franklin'이란 색인어를 사용하여 인터넷 검색을 하고자 할 것이다. 이러한 자료는 교실에서 수업시간에 지문으로 활용할 수 있다. 몇 가지 프랭클린의 글로서 펜실베이니아 신문(Pennsylvania Gazette)에 실린 「Sayings of Poor Richard」와 그의 자서전을 들 수 있다.

벤저민 프랭클린이 정치가, 민주주의 옹호자였을 뿐만 아니라 성공적인 발명자, 기고가, 정치만화가, 인쇄인, 과학자, 외교관, 정원사였다는 것에 대해 학생들이 알게 된다면 무척이나 흥미로울 것이다. 그의 생애 자체가 표현의 자유를 위한 모델이었으며, 프랭클린 정부 형태 내에서 그것들이 드러났었다. 프랭클린 정부는 표현의 자유를 만들었고 프랭클린 자신이 이것을 매우 깊이 신봉하였다.

논리수학지능 활동

벤저민 프랭클린은 나무 난로, 이중초점 안경, 피뢰침과 같은 많은 것을 발명한 과학자였다. 그는 또한 전기를 발견하였다. 필요한 무엇인가를 발명하기 위해 그는 현 상태에서 과연 무엇이 필요한지를 먼저 결정하였다.

교사는 학생들에게 필요한 것이 무엇인지와 그 필요를 충족시킬 수 있는 무엇인가를 만들어봄으로써 발명가가 되도록 요청한다. 이것은 무언가 환상적인 것일 수 있고—가정학습 기계 또는 자동 기저귀 채우게—또는 무언가 실제적인 것일 수 있다—360도 회전하는 선풍기 또는 새로운 종류의 시리얼 용기 등. 소그룹을 지어 학생들은 무엇인가 유용한 것을 발명하기 위해 다음과 같은 단계를 거쳐본다.

1. 자기 동료나 사회에서 필요한 것을 열거해 본다.

2. 그룹 활동을 위해 하나 또는 두 개의 필요를 선정한다.

3. 가능한 발명의 목록을 찾기 위해 브레인스토밍을 한다.

4. 다룰 한 가지 발명과 한 가지 필요를 선택한다.

5. 발명을 위해 두 개 이상의 실현 가능한 설계를 만들어 본다.

6. 설계한 것을 평가하고 가장 좋은 것 하나를 선택한다.

7. 종이나 찰흙, 또는 다른 재료를 활용하여 발명한 것을 설계한다.

8. 가능하다면 모형이나 본을 만들어 본다.

9. 나머지 학생들에게 발명한 것을 보여주고 어떻게 그 발명품이 필요를 수용하고 있는지에 대해 설명한다.

이 수업에서 한 가지 중요한 원리는 브레인스토밍이다. 간접적으로, 브레인스토밍은 표현의 자유 개념과 관련이 있다. 학생들이 이 활동을 위한 준비를 할 때, 그들에게 다음의 브레인스토밍 규칙을 상기시킨다.

1. 자유롭게 행동하되 창의적이어야 한다. 모든 것이 허용된다.

2. 다른 사람의 아이디어에 대해 비판하지 않는다.

3. 제시된 모든 것들을 적어 본다.

신체운동지능 활동

벤저민은 언론의 자유를 거침없이 말하는 언론 자유 옹호자였다. 젊었을 때, 그는 인쇄기를 취득하여 신문을 발행했다. 그는 중요한 정치적 쟁점에 대해서 말하는 것과 글로 쓰는 것이 중요하다고 느꼈다. 신문은 벤저민 프랭클린의 아이디어와 의견을 공유하는 도구였다.

가능하다면, 학생들로 하여금 어떻게 신문과 인쇄물이 만들어지는지를 탐사하기 위해 현장체험학습을 계획해 보는 것도 가치 있을 것이다. 지역 신문사, 인쇄소, 또는 옛날 인쇄 기구들이 전시되어 있는 지역 박물관을 방문해 문자로 된 글의 대량 생산 공정을 학생들에게 보여줄 수 있다.

현장체험학습이 끝난 후 또는 그 대신, 학생들이 자신의 글을 인쇄해 보게 할 수 있다. 저학년들은 고무도장을 만들거나 나무판 또는 감자 인쇄를 할 수 있다. 고학년들은 컴퓨터 워드 프로세스 소프트웨어와 프린터를 가지고 학급 신문의 제목이나 표제를 만들 수 있다(다음의 대인관계지능 활동 참고).

시공간지능 활동

벤저민 프랭클린은 그가 출판하는 신문에 종종 정치 만화를 삽입했다. 학생들도 학교나 지역사회에서 볼 수 있는 옳지 못한 것이나 필요 없는 것을 재미있게 꼬집어내는 자기 자신만의 정치 만화를 그릴 수 있다. 학생들의 정치적 만화에 대한 한 가지 규칙은 교실 내 다른 학생들을 놀려대서는 절대 안 된다는 것이다. 예로 지역 신문의 정치 만화를 학생들에게 보여줄 수 있다.

음악지능 활동

개인적으로, 학생들은 노트카드 한 장에 벤저민 프랭클린에 대해 배운 내용을 쓴다. 교사는 칠판에 아래와 같은 후렴구를 쓴다. 학생들은 후렴구 말하기 또는 노래 연습을 한다. 그리고 순서대로 자기 카드를 읽는다. 두 명에서 네 명의 카드를 읽고 나면, 전체 그룹이 후렴구를 합창한다.

> Boogie Woogie Ben
> With just a quill pen
> Helped make America free
> For you and you and me.

대인관계지능 활동

그룹 활동 또는 전체 학급 활동을 하면서, 학생들은 gazette, examiner, journal, herald, inquirer, or time 등과 같은 용어가 포함된 제목이 붙은 자신만의 신문을 만들어낸다. 이러한 용어의 기원은 제목을 선택할 때 토론할 수 있다. 교사는 또한 신문에는 무엇에 대하여 조사한다는 의미가 있고, 일어나고 있는 것이나 사람들이 생각하는 것에 대해 검사한다는 의미가 있으며, 정보를 퍼뜨린다는 의미가 있다는 사실을 강조한다. 학생들은 신문이 민주주의 사회에서 다양한 관점을 공유하게 하는 수단임을 이해해야 한다.

학생들에게 자신의 신문을 위해 일하는 신문기자의 역할을 부여할 수도 있다. 그들을 두 명씩 짝지어 일하도록 하면 보다 효과적이다. 프로젝트는 다음과 같은 신문 요소들을 다루어야 한다.

학교 소식	세계 소식
광고	미술작품
만화	외국어 칼럼
날씨	TV 논평
사설	책 논평
스포츠	영화 논평
조언 칼럼	

자기이해지능 활동

벤저민 프랭클린은 충실하게 일기를 썼다. 프랭클린을 역할 모델로 삼아 학생들은 자신의 일지나 일기를 쓴다. 학급일지는 다음과 같은 다양한 방법으로 활용할 수 있다.

- 비밀이 보장되거나 오직 교사와 공유할 수 있는 일기
- 매일매일의 읽기 또는 다른 학습 경험에 관한 기록 서류
- 창의적인 쓰기
- 교실에서의 받아쓰기 연습
- 학생의 글에 대한 교사의 반응으로 이루어지는 교사와 학생 간의 대화
- 학생들이 짝을 이루어 상대방의 글에 반응하는 학생과 학생 간의 대화
- 간단한 일일 쓰기 과제
- 책에서 읽은 좋아하는 글귀 또는 문장의 기록
- 위에서 제시된 것들의 조합

자연탐구지능 활동

벤저민 프랭클린은 또한 과학자로서 그리고 생태학자로서도 성공을 했다. 그는 자연을 이용하거나 통제하는 피뢰침과 수영지느러미 같은 장치를 발명했다. 학

생들은 공원, 초원, 숲 등 자연세계를 돌아보거나 자연환경의 그림을 보고 인간이 곤충이나 새, 물고기, 나무 등에서 받아들일 수 있는 것들을 제안한다.

평가

학생들은 마지막으로 벤저민 프랭클린에 대해 배운 것을 평가하는 에세이를 쓴다. 이 글에는 프랭클린의 삶에 대한 정보와 그가 과학자로서, 언론인으로서, 정치인으로서 이룩한 여러 업적을 포함시켜야 한다. 학생들은 또한 그의 가장 큰 공헌이 무엇이며 왜 그런지에 대해서도 언급해야 한다.

시각적인 평가 도구로 학생들에게 벤저민 프랭클린의 생애에 대한 콜라주를 만들도록 요구할 것이다. 이 콜라주는 에세이에서 다루고 있는 같은 범주를 묘사하면 좋다. 콜라주에는 창의적인 그림, 복사물, 잡지 사진 또는 삽화나 내용 글의 조합 등이 포함되어야 한다.

제8과: 오리 핑(Ping) 이야기

교과 영역: 언어 예술
주 교육과정 목표: 소설에의 모험은 실생활에 반영될 수 있다.
가르칠 원리: 감정은 보편적인 경험이다.
단원: 중국
학년 수준: K-4
필요한 자료: 마조리 플랙(Marjorie Flack)이 쓴 『오리 핑 이야기(The Story about Ping)』[2] 책, 게임 보드용 재료(예: 마커, 마분지 또는 두꺼운 카드, 주사위), 음악 악기 또는 녹음된 중국 음악

언어지능 활동

교사는 『오리 핑 이야기(The Story about Ping)』를 읽어 주거나 학생들에게 스스로 읽도록 한다. 대부분의 2학년 학생들은 혼자서 이 책을 읽을 수 있다. 이어진 학습 활동으로, 학생들은 잃어버린 동물이나 사람들의 후속 모험에 대한 자신의 이야기를 말로 만들어본다. 빙 둘러앉아 한 학생이 이야기의 첫 문장을 말하면 다른 학생들은 차례에 따라 말을 이어 간다.

---

2) 우리나라에서는 『떳떳떳 꼴찌오리 핑 이야기』로 번역되어 출간되었음.

논리수학지능 활동

이야기 속에서 핑은 많은 친지를 갖고 있다. 매일 저녁 오리 핑은 자신이 살고 있는 보트로 돌아오는 시간에 전체 오리를 센다. 이야기 속의 이러한 사실은 수를 세는 학습 활동 기회를 제공한다. 학생들에게 수를 세어보게 함으로써 그들이 기억하고 있는 것이 무엇이며, 수를 세었는데 모자라면 무엇을 하는지, 처음 어떻게 해서 수를 세기 시작했는지 등에 대해 발표하도록 한다.

학생들은 다음 질문에 답하면서 이야기에 나온 수학 문제를 풀 수 있다.

1. 만약 아침에 17마리의 오리가 보트에서 내렸으나 저녁에는 단지 12마리만이 돌아왔다면 몇 마리의 오리가 뒤에 남았을까요?

2. 만약 12마리의 오리가 있는데, 그 중에서 반만이 보트에서 내렸다면, 보트에는 몇 마리가 남았을까요?

3. 오리 핑은 9명의 형제와 13명의 자매가 있습니다. 가족 중 오리 핑을 포함해서 오리새끼는 몇일까요?

4. 만약 4가족의 오리들이 있고, 각각의 오리 가족에는 6마리의 오리들이 있다면, 오리는 모두 몇 마리일까요?

5. 만약 한 가족에 23마리의 오리와 다른 가족에 32마리의 오리가 있다면, 어떤 가족이 더 많으며, 몇 마리가 더 많습니까?

6. 만약 한 마리의 오리가 야생에서 살기 위해 가족을 떠나면, 그 가족에게는 어떤 문제가 일어날까요?

7. 만약 어떤 사람이 여러분에게 25마리의 오리를 주고 여러분이 오직 한 마리만 가질 수 있다면, 어떤 오리를 가지고, 어떻게 결정하며, 다른 오리들은 어떻게 하겠습니까?

신체운동지능 활동

이 이야기에는 몇 가지 신체운동지능 활동 선택권이 있다. 다섯 가지 권장 활동은 다음과 같다.

1. 애완용 오리를 교실에 데리고 오도록 할 수 있다. 학생들은 오리의 몸 특성과 행동을 관찰하고, 들어 보고, 먹이도 주고, 어떻게 기르는가도 알아본다.

2. 농장, 동물원, 야생동물보호소 등으로 현장체험학습을 가서 오리를 관찰하도록 한다.

3. 어린 학생들이 성공적으로 만들 수 있는 모양이기 때문에 학생들은 진흙으로 오리를 만들어 본다.

4. 학생들은 혼응지(混凝紙; papier-mache; 빠삐에마쉐; 풀을 먹인 딱딱하고 두꺼운 종이; 펄프에 아교를 섞어 만든 종이 재질; 습기에 무르고 마르면 아주 단단함)를 가지고 오리 피냐타(pinata; 미국 내 스페인 언어권 사회에서 아이들이 파티 때 눈을 가리고 막대기로 쳐서 넘어뜨리는, 장난감과 사탕이 가득 든 통)를 만들고 중국 쌀 사탕 또는 행운 과자를 안에 넣는다.

5. 쉬는 시간이나 체육시간에 학생들은 '오리, 오리, 거위' 게임을 한다. 이 게임은 수건돌리기 (또는 술래잡기)와 같이 원을 만들어 하는 게임이다. 게임을 시작하기 위해 모든 학생들은 안쪽을 보고 원으로 선다. 한 학생(술래)이 원 바깥쪽으로 돌면서 "나는 어린 오리를 갖고 있지. 그리고 오리는 너를 물지 않아. 그리고 오리는 너를 물지 않아. 그리고 오리는 너를 물지 않아"라고 말하다가, "그런데 너(YOU!)는 물었다!"라고 하면서 학생의 등에 꼬리표를 붙인다. 그 학생은 술래와 경주를 하여 누가 먼저 꼬리표를 달았던 학생의 빈 자리에 도착하는지 내기를 하는 게임이다.

시공간지능 활동

학생들은 다음과 같이 오리 핑의 양자강으로의 모험에 대한 지도를 그린다.

1. 그림 그리기, 색칠하기, 또는 한 면을 가로지르는 굽은 강에 물감 칠하기로 수업을 시작한다.

2. 보트와 다른 야생동물, 사람들, 오리의 경험을 더 그려 넣는다.

3. 그림 배경으로 풀, 나무, 집, 산 등을 그려 넣는다.

음악지능 활동

『피터와 늑대(Peter and the Wolf)』 이야기는 러시아의 작곡가 프로코피에프(Sergei Prokofiev)가 작곡한 관현악곡에서 유래했다. 이 수업에서는 학생들이 두 가지 방법 중 하나를 택하여 음악에다 이야기를 넣는 학습활동을 한다. 첫째, 이야기가 낭독되는 동안 학생들은 배경 음악 효과를 만든다. 둘째, 녹음된 음악 중에서 이야기에 맞는 것을 튼다. 필자의 경험에 의하면 동양 음악, 특히 동양 심포니 음악이 이야기와 잘 어울린다. 학생들이 자신들의 소리 효과나 녹음된 음악에 친숙해지면, 동료 급우들과 함께 책을 소리 내어 읽거나 자신들의 이야기 지도를 활용하여 이야기를 들려준다.

대인관계지능 활동

교사는 '캔디 랜드(Candy Land)'나 '뱀과 사다리(Snakes and Ladders)' (윷놀이와 같은 게임의 일종) 같은 게임 판을 만든다. 여기서 하고자 하는 게임은 '강과 폭포(Rivers and Falls)' 또는 '양자강 게임(Yangtze River Game)'과 유사하며, 게임 참여자들의 말은 굽이친 강길을 따라 수상가옥으로 돌아오는 것이다. 오는 길에는 갖가지 상벌이 주어진다.

 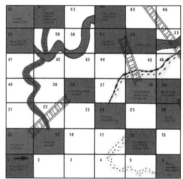

게임 판을 만들 때는 두꺼운 종이나 도배용 종이를 사용한다. 게임 판에 지나가는 길을 만들 때는 마커 두 개를 한꺼번에 쥐고 평행선을 그리되, 게임 판을 휘감아 돌도록 한다. 이것이 강이 되는 것이다. 그 다음, 게임 참여자들의 나아가는 길을 나타내기 위해 강에 1인치 정도의 간격으로 사각형을 만든다. 그리고 샛강들 사이를 연결하여 지름길을 만든다. 연결 고리는 폭포나 다리로 만들며, 폭포를 통해 미끄러져 내려가고 다리를 통해 위로 올라갈 수 있도록 한다. 다 만들어진 게임 판은 교사의 선택에 따라 보기 좋게 장식을 더한다.

네 명에서 6명 정도의 학생들이 함께 게임을 할 수 있으며, 몇 칸 옮겨갈지 정하는 숫자가 적혀 있는 주사위, 카드, 또는 회전판 등을 활용한다. (게임 판에 붙

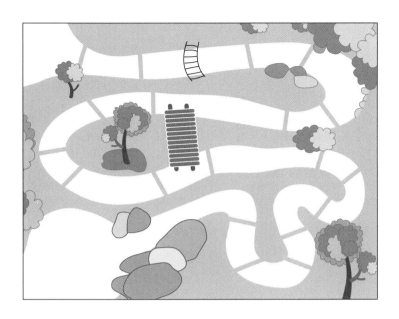

어 있는 회전판은 머리가 아주 작거나 한쪽을 구부리게 되어 있는 가는 못을 붙여 잃어버리는 일이 없도록 한다.)

풀어야 할 문제들과 함께 카드 한 벌을 더함으로써 이 게임을 사고 기능을 촉진시키거나 문제해결력을 기르는 데에도 활용할 수 있다. 학생들은 또한 '핑 칸'이라고 명명된 이전에 도착했던 칸에 도착하면, 카드를 다시 뽑을 수 있다.

다음은 예시 문제들이다.

1. 오리를 잡으려고 하는 심술쟁이 소년으로부터 오리가 어떻게 도망칠 수 있는지에 대해 다른 참가자에게 말하고, 3칸 앞으로 말을 전진시킨다.

2. 다른 동물에 비해 오리가 가지고 있는 장점을 한 가지 말하고 말을 1칸 앞으로 전진시킨다.

3. 오리 핑에게 해양 오염이 왜 문제가 되는지를 말한다. 만약 상대방이 이 대답을 받아들이면 말을 다음 다리까지 전진시킨다.

4. 왜 오리들은 등에 부리를 파묻고 잠을 자는가? 그 답을 설명할 수 있으면 말을 3칸 전진시킨다.

5. 핑이 형제와 자매들로부터 떠나듯이 한 참여자가 게임에서 나가면, 다른 참여자들에게 어떤 영향을 미치는가? 이에 대해 자신의 소그룹과 이야기하고 말을 2칸 전진시킨다.

자기이해지능 활동

『오리 핑 이야기』는 학생들이 두려워하는 문제나 길을 잃어버렸던 경험과 같은 것에 관해 토론할 수 있는 좋은 기회를 제공한다. 교사는 소그룹으로 하여금 길을 잃은 기분이 어떤지, 왜 그런 기분이 드는지, 길을 잃었을 때 할 수 있는 가장 적절한 것이 무엇인지, 길을 잃지 않기 위해서는 어떻게 해야 하는지 등을 다루는 토론을 지도할 수 있다.

간단히 토론한 후에 학생들에게 공포나 기쁨을 표현해 보도록 할 수 있다.

자연탐구지능 활동

학생들은 인터넷이나 도서관 자료들을 활용하여 여러 종류의 오리, 물새, 일반 새들을 분류한다. 분류 기준에는 우리, 기러기, 백조, 바닷새[해조(海鳥)], 강변·바닷가에 사는 새(도요새·물떼새류), 섭금류(涉禽類)의 새(학·백로) 등을 포함시킨다. 초등학교 학생들에게는 인터넷에 'Webster Waterfoul' 이라는 주제어를 쳐서 유용한 정보를 얻도록 한다.

평가

한 가지 간단한 평가활동은 학생들로 하여금 상급학년 학생들이나 학부모 되는 다른 어른들에게 오리 핑에 대한 이야기를 들려주도록 하는 것이다. 이야기를 듣는 사람은 이야기의 핵심과 관련시킬 수 있는 능력이 있는지를 묻는 간단한 질문지에 응답할 수 있도록 한다. 예를 들어, 질문에는 오리 핑이 어떤 종류의 동물인지, 어디에 사는지, 무슨 일이 일어났는지, 이야기에 재미있는 내용을 덧붙일 수 있는지, 이야기가 진행되는 순서대로 이야기를 전했는지 등을 포함시킬 수 있다.

제9과: 조지 오웰(George Orwell)의 『동물농장』

교과 영역: 언어예술 및 사회
주 교육과정 목표: 정부 형태
가르칠 원리: 전체주의는 정부 형태 중 하나이다.
단원: 정부 형태와 지도자
학년 수준: 6~12학년
필요한 자료: 조지 오웰이 쓴 『동물농장』

언어지능 활동

중학년과 고학년 중 많은 학생들은 조지 오웰이 공산주의를 풍자하여 쓴 동물우화인 『동물농장』을 재미있게 읽는다. 이 이야기를 읽는 몇 가지 방법이 있는데 다음과 같다.

1. 교사가 소리 내어 읽어주고 학생들이 따라서 읽도록 한다.

2. 소그룹으로 나누어 학생들이 순서대로 소리 내어 서로에서 읽어주도록 한다.

3. 학생들에게 이야기의 일부분을 나누어서 읽도록 하고, 읽은 것에 대한 자신의 생각을 독서록에 쓰도록 한다.

학생들로 하여금 이야기를 읽도록 한 후, 이야기에 나오는 다음의 주요 사실에 대해 토론하도록 한다.

1. 등장하는 인물들은 누구인가?

2. 배경은 어디인가?

3. 동물들이 원하는 것은 무엇인가?

4. 돼지들이 농장의 주도권을 잡아가는 사건의 구체적인 과정은 무엇인가?

5. 농장의 주도권을 잡는 데 관련된 동물에는 어떤 동물이 있는가?

6. 나폴레옹이 어떻게 권력을 잡게 되는가?

7. 나폴레옹이 권력을 잡은 후, 다른 동물들은 실제적으로 자기의 삶을 어떻게 통제하였는가?

8. 왜 동물들은 나폴레옹을 계속해서 믿었는가?

9. 다른 동물들로 하여금 나폴레옹의 권력에 도전하는 것을 금지하게 한 것은 무엇인가?

10. 인간 사회에서도 이러한 사태가 일어나는가? 그 사례를 제시할 수 있는가?

논리수학지능 활동

이 책에서 원인과 결과에 대해 검증하는 활동의 하나로 학생들로 하여금 나폴레옹과 그의 지지자들의 행동이 동물들이 마음속에 그리던 이상 세계를 어떻게 몰락의 길로 이끌었는지를 보여주는 차트를 만들도록 한다. 차트의 원인 아래에는 나폴레옹의 행동을 나열한다. 결과 아래에는 나폴레옹 행동의 결과를 나열한다. 차트를 중심으로 학생들은 호의적인 것처럼 보이는 행동에 대해 토론한다.

신체운동지능 활동

『동물농장』의 많은 장면들은 쉽게 각색할 수 있다. 외양간에서 나폴레옹이 처음으로 다른 동물들에게 책임을 진다고 할 때의 한 장면이 나타난다. 이 장면을 가지고 본문을 대본으로 만들거나 간단하게 즉석에서 역할 놀이를 할 수도 있다. 학생들은 소그룹으로 나누어 장면을 연습하거나 자원자들로 하여금 해당 장면을 읽은 후에 즉흥적으로 시연해 보도록 한다.

시공간지능 활동

학생들은 농장의 지도를 만든다. 이 지도에는 외양간, 농부의 집, 목장과 들판, 풍력발전소, 이웃 농장, 길, 싸움터 등이 포함되어 있다. 일단 학생들이 그림지도를 그리고 나면, 어떤 사건들이 어디에서 일어났는지 표시한다.

음악지능 활동

『동물농장』의 돼지들은 다른 동물들을 세뇌시킴에 있어서 구호와 슬로건에 의존한다. 학생들은 상업적인 시엠송을 생각해내고 목록을 작성한다. 시엠송을 통해 흥겨운 구호와 더불어 자신들의 상품을 팔기 위해 노력한다. 그런 후에는 사람들로 하여금 그러한 상품을 사지 않도록 확신시키거나 의문을 품게 하기 위한 반대 슬로건을 만들도록 한다.

대인관계지능 활동

소그룹으로 나누어 공부하면서 학생들은 학급 또는 학교 행정의 이상적인 형태를 결정한다. 브레인스토밍을 시작하기 위해 다음과 같은 질문에 대해 생각하도록 한다.

1. 지도자는 어떻게 선정할 것인가?

2. 지도자의 권력을 제한하는 것은 무엇인가?

3. 가장 중요한 규칙이나 법률은 무엇인가?

4. 규칙이나 법률을 어겼을 때의 결과는 어떠한가?

5. 어떻게 모든 학생들이 그들의 정부에 효율적으로 참여할 수 있는가?

6. 규칙이나 법률은 어떻게 집행되는가?

7. 학생들은 자신들을 다스릴 수 있는가?

8. 자율적인 통치와 같이 학생들이 스스로를 책임질 수 있는 나이는 언제인가?

각 소그룹은 전체 학급 앞에서 자신들의 정부 형태에 대해 발표한다. 그런 후에 학급을 통치하기 위해 사용할 수 있는 요소가 있다면 이에 대해 투표하도록 한다.

자기이해지능 활동

다음 질문에 대해 학생들은 간단한 에세이를 쓰도록 한다.

1. 『동물농장』에서 어떤 등장인물이 자신과 가장 관련 있다고 생각하는가? 그리고 그 이유는 무엇인가?

2. 어떤 형태의 정부를 가장 선호하는가? 그 이유는 무엇인가?

3. 정부에서 어떤 역할을 하고 싶은가? 그 이유는 무엇인가?

자연탐구지능 활동

오웰은 자신의 책에서 주인공으로 돼지를 선택하였다. 이에 대한 이유 중의 하나는 돼지가 꽤 영리한 동물이기 때문이다. 학생들은 자신들이 생각하기에 영리하다고 생각하는 다른 동물들에 대해 생각하고 글로 쓴다. 그리고 그러한 동물들이 인간의 특성을 가졌다고 가정하고 시나리오나 우화를 상상한다. 예를 들어, 학생들은 선생님이나 교장을 독일 셰퍼드로 바꾸어 보거나 그들 부모를 돌고래로 바꾸는 것을 생각해볼 수 있다. 학생들은 또한 교실에 어린이들보다 더 많은 침팬지들을 가진 시나리오를 생각해볼 수 있다.

평가

교사는 학생들의 원인과 결과 차트나 학생들이 만든 지도를 수합해서 검토한다.

제10과: 해리엇 터브먼(Harriet Tubman)과 지하철

> 교과 영역: 사회
> 주 교육과정 목표: 지도력에는 여러 유형이 있다.
> 가르칠 원리: 사회적 불의에 대해서는 반드시 어떤 행동을 취해야 한다는 것을 발견한다.
> 단원: 미국 남북전쟁
> 학년 수준: 3~8학년
> 필요한 자료: 해리엇 터브먼(Harriet Tubman)[3]과 지하 철도에 관한 정보, 미국 동부의 지도들, 축소 세트 자료(예: 큰 카드보드나 종이 조각, (나무의) 잔가지, (공작용) 색판지, 나무 막대기 등), 노예 영가 작품들, 1960년대 시민권 운동에 관한 노래들

언어지능 활동

해리엇 터브먼에 대한 정보를 교실에 비치한다. 여러 웹 사이트, 위인전과 사전류나 해리엇 터브먼에 관한 이야기를 담고 있는 많은 도서들이 이용 가능하다. 교사들은 해리엇 터브먼의 삶과 업적에 대해 학습하고, 그들이 발견한 것을 이야기하여 학생들과 공유한다. 스토리텔링이 끝나고 나면, 노예, 자유, 불평등에 대한 토론을 이어가며, 이때에는 학생들로 하여금 불공정한 상황에서 취할 수 있는 올바른 행동에 대해 생각할 수 있도록 격려한다.

논리수학지능 활동

교사는 해리엇 터브먼의 업적을 이해시키는 데 도움을 주는 문장제 질문을 활용

---

3) Harriet Tubman, 본명: 아라민타 로스(Araminta Ross), (1820년경 ~ 1913년 3월 10일). 노예 해방 운동을 실천한 인권운동가이자 남북 전쟁 때 활동했던 스파이. 노예로 태어 났으나 탈출한 후, 지하 철도라는 반노예 운동가의 네트워크와 아지트를 통해 13개의 해방 시설을 세워 70명의 노예를 구함. 해리엇은 1850년부터 1860년까지 지하 철도의 차장으로서 남부에 들어가 300명이 넘는 흑인들을 북부로 탈출시킴. 이후 그녀는 노예 폐지론자 존 브라운을 도와 하퍼즈페리를 습격할 사람들을 모았으며, 전쟁 이후에는 여성 참정권을 위해 싸움.

한다. 학생들의 학년 수준에 따라 문장제 질문을 덧셈, 뺄셈, 곱셈, 나눗셈, 또는 소수와 분수 등으로 구성할 수 있다. 다음은 몇 가지 예이다.

1. 해리엇 터브먼은 지하철도를 열아홉 차례 여행했다. 각 여행마다 약 16명 의 노예를 탈출시켰다. 모두 합해 얼마나 많은 노예들을 해리엇은 자유의 품으로 탈출시켰는가?

2. 만약 1850년에 해리엇이 28명의 노예를 탈출시켰고 1851년에 27명을 탈 출시켰다면, 이 두 해 동안 얼마나 많은 노예를 탈출시켰는가?

3. 만약, 메릴랜드 주에 2,800명의 노예가 있었고 해리엇 터브먼이 그들 중 에 300명을 구출했다면, 메릴랜드 주에서 그녀가 구출한 노예의 비율은 얼마나 되는가?

4. 만약 터브먼이 그녀의 동료들 중 42명을 화물기차의 밀짚 더미 아래에 숨 겨야 하는데, 화물기차 한 대에 단지 7명만이 탈 수 있다고 한다. 모든 사 람들을 숨기기 위해서 터브먼은 몇 차례의 여행을 해야 하는가?

5. 만약 여러분이 해리엇 터브먼을 도와 15명의 노예를 탈출시키려 하는데, 양쪽에 경비원이 한 사람씩 지키고 있는 다리에 도달했다고 할 때, 어떻 게 하면 노예들이 붙잡히지 않고 다리를 건널 수 있겠는가?

신체운동지능 활동

소그룹으로 활동하면서 학생들은 지하 철도를 따라 묘사된 축소 세트 장면을 만든다. 학생들은 축소 세트를 만들기 전에, 각 그룹에서 지하 철도의 얼마만 큼을 만들어야 하는지에 대해 결정하고 설명함으로써 겹치는 부분이 없도록 한다.

시공간지능 활동

백지로 된 미국 동부 지도 위에 학생들은 지하 철도의 다양한 지점을 찾아낸다. 이 때 철도 길을 따라 각 주, 도시, 마을, 숨는 장소 등을 확인한다.

음악지능 활동

노예들이 북쪽으로 향하는 길에서 불렀던 옛날 영가들이 많다. 학생들은 이러한 노래들을 배운다. 이러한 노래 몇 가지를 들면 다음과 같다.

Do, Lord	Nobody Know the trouble I've Seen
Jacob's Ladder	He's Got the Whole World
Old-Time Religion	I'm Gonna Do What the Spirit Says
Rock-a My Soul	Go Tell It On the Mountain
Steal Away	Joshua Fought the Battle of Jericho
Swing Low, Sweet Chariot	

추가적으로, 1960년에 미국 시민운동 기간에도 나타났으며, 해리엇 터브먼 시절로 거슬러 올라가거나 유래한 노래 중에는 다음과 같은 곡이 있다. [1977년 에 월터 로빈슨(Walter Robinson)이 '해리엇 터브먼(Harriet Tubman)'이라는 노래를 지었다.]

Amen	Harriet Tubman
I'm On My Way	John Brown's Body
Michael Row	We Shall Overcome
This Little Light	

학생들은 각 시대에 유행했던 한두 가지 노래를 배우고, 그 가사를 비교, 대 조할 수 있다. [위에 제시한 모든 노래들은 피터 블러드-페터슨이 지은 『노래하 며 나아가자(Rise Up Singing)』에서 찾아볼 수 있다.]

대인관계지능 활동

해리엇 터브먼은 사회적 불평등에 대해서 과감하게 행동을 취하였다. 그녀의 삶 은 노숙자, 빈곤, 의료혜택, 학대 같은 쟁점에 대해 학생들로 하여금 스스로 알아 가게 하는 하나의 모델이 될 수 있다.

학생들은 그들이 극복해야 할 것이 있는지를 정하기 위해서 지역사회에 있는 실제 문제들을 가지고 토론한다. 그리고 이 문제를 다룰 수 있는 실제적인 계획 을 발전시키고, 자신의 해리엇 터브먼 지역사회 서비스 프로젝트에 대한 작업을 시작할 수 있다. 필자가 학생들과 함께 시행했던 서비스 프로젝트 중에는 음식물 모으기 운동, 퇴직자 가정 방문, 지역 공원 청소, UNICEF(유엔아동기금)을 위한 동전 모으기 등이 있다.

자기이해지능 활동

중요한 사회 문제들을 짚어볼 때 학생들은 그들에게 있어 가장 중요한 가치에 대해 토론할 수 있다. 예를 들어, 이타심, 열정, 용기, 아량, 친절, 유익함, 관용 등이 있다. 학생들은 가장 중요하다고 여기는 하나의 가치를 선정하여 학습일지에 적고, 이를 정의해보고, 삶 속에서 그 가치를 어떻게 표현해낼 것인지를 적는다. 학생들의 반응을 게시판의 가치 표시란에 나타내고, 지역 신문의 편집자에게 편지로 보내거나 가치에 관한 학급 문고 등을 만들어볼 수 있다.

자연탐구지능 활동

만약 학교의 숲이 우거진 (또는 다른 자연적인) 어떤 지역에 출입할 수 있다면, 교사는 학생들로 하여금 숲의 지도를 만들게 할 수 있다. 이 지도는 불평등과 차별 등으로부터 도망가는 사람을 위한 길로서 자연 특성(나무, 암석 광맥 등)을 참고할 수 있도록 한다. 만약 이러한 출입로가 없다면 학생들은 나뭇가지, 작은 암석, 흙, 낙엽 등을 교실로 가져와 '비밀 통로'와 숨는 곳이 있는 축소 모형을 만든다.

평가

교사가 해리엇 터브먼과 그녀의 업적에 관한 학생들의 지식을 평가하기 위해서는 학생들로 하여금 그녀의 이상과 신념에 대해 말해보게 하고, 어떻게 그녀가 이것들을 실행해 냈는지에 대해 설명하게 한다. 이것은 글로 쓸 수도 있고 다른 방법으로 할 수도 있다. 그 대안으로서 학생들로 하여금 이와 같은 정보를 포함한 노래 가사를 쓰도록 할 수 있다. 학생들은 같은 신념을 가졌지만 이를 실천으로 옮기지 않은 다른 사람들과 해리엇 터브먼이 다른 점을 설명할 수 있다.

제11과: 기후

교과 영역: 과학
주 교육과정 목표: 기후는 많은 측면에서 사람들의 삶에 영향을 미친다.
가르칠 원리: 인간은 기후 패턴을 예측한다.
단원: 지구의 온도와 기후
학년 수준: 3~8학년
필요한 자료: 신문이나 기후 웹 사이트, 야외 온도계, 기후 관련 음악[예: 비발디(Vivaldi)

의 사계(The Four Seasons), 그로페(Grofé)의 그랜드 캐년 슈트(Grand Canyon Suite)], 모든 학생들을 위한 시공간지능, 대인관계지능, 자기이해지능 활동에 관련된 사진들

언어지능 활동

우선 학생들에게 신문지를 제공한다. 다양한 날씨, 지리학적인 지역 정보뿐만 아니라 연중 다양한 시기의 신문이면 더욱 좋다. 학생들은 날씨와 그것의 영향에 관한 기사를 읽고 날씨가 사람들에게 어떻게 영향을 미치며 사람들은 다양한 기후 조건에 어떻게 적응하는지에 대해 토론하게 한다. 교사는 학생들의 반응을 칠판이나 커다란 포장지에 적어 교실에 게시한다.

논리수학지능 활동

교사는 교실 유리창 곁이나 학생들이 쉽게 확인할 수 있는 장소에 실외 온도계를 놓는다. 학생들은 장기간에 걸쳐 날짜와 시간을 정하여 온도를 기록한다. 모든 학생들이 변화에 관한 차트를 기록한다. 같은 차트에 학생들로 하여금 날씨가 사람들의 복장과 하는 일에 어떻게 영향을 미치는지 적도록 한다. 몇 주 동안 관찰한 것을 차트에 기록하게 한 후, 학생들로 하여금 날씨에 대하여 일반화하고 예측하는 데 활용하도록 한다.

만약 학생들이 기압계, 우량계, 풍향계, (바람의 속도를 재기 위한) 풍속계, 또는 다른 기후 측정 도구들을 활용할 수 있다면, 부가적인 자료를 기록하는 연습을 할 수 있다. 기상도는 인터넷 온라인을 통해 쉽게 접할 수 있으며, 또한 국립기상대 서비스에서 유용한 정보를 풍부하게 제공한다.

신체운동지능 활동

어린 학생들이 서로 다른 유형의 날씨에 어떻게 반응하는지 무언극을 하도록 한다. 열린 공간을 활용하여 교사는 다음과 같은 언어 신호를 제공한다.

- 화씨 100도보다 더 뜨거울 때 어떻게 느끼는지 몸으로 보여준다.

- 눈이 내리는 추운 날에 어떻게 느끼는지 보여준다.

- 얼음 위에서 어떻게 행동하는가?

- 태풍이 몰아치면 어떻게 움직이는가?

- 태풍이 지나가면 어떻게 행동하는가?

- 학급 소풍이나 야외 현장학습 가기 전날 비가 온다는 소리를 들었을 때 어떤 느낌이 드는지 보여준다.

- 짙은 안개가 끼면 어떻게 행동하는지 보여준다.

- 밖에 나갔는데 눈이 60센티미터나 쌓였다면 무엇을 하는지 보여준다.

다양한 날씨에 대한 움직임을 연습한 후, 학생들은 소그룹을 지어 남은 시간 동안 자신들만의 무언극을 만들어 낸다. 이러한 단막극을 통해 다양한 유형의 날씨에 대한 의상, 움직임, 활동, 반응 등을 묘사할 수 있다.

고학년 학생들은 방송용 날씨 예보를 만들어 내기 위하여 소그룹으로 공부한다. 그룹에 속한 각 학생은 하나의 역할을 해야 하는데, 예를 들어 통계 전문가, 삽화가, 아나운서, 대본 작가, 기상 전문가, 카메라 담당, 프로듀서 등의 역할을 해야 한다. 학생들은 기후의 4가지 요소(기온, 기압, 바람, 습도)를 포함한 실제 자료와 정확한 시각 자료를 활용한다. 다양한 기후 패턴에 사람들이 어떻게 대응하는지에 대해서도 구체적으로 나타낸다.

시공간지능 활동

학생들은 기온, 기압, 바람, 습도와 같은 네 가지 기후 요소를 설명하는 각각의 그림을 그린다.

또한, 학생들로 하여금 물의 순환, 전지구적 바람의 유형, (TV 기후 보고에서 본 바와 같은) 공기 움직임, 한랭전선을 형성하는 기단의 움직임, 지형 특성이 어떻게 기후에 영향을 미치는지, 여러 종류의 폭풍, 다른 주 또는 다른 나라의 고기압과 저기압을 보여주는 기상도 등을 설명하도록 한다.

음악지능 활동

학생들은 비발디(Vivaldi)의 사계(The Four Seasons) 또는 그로페(Grofé)의 그랜드 캐년 슈트(Grand Canyon Suite)를 듣는다. 이 두 음악은 각기 다른 유형의 기후를 서술하고 있다. 학생들에게 곡 전체를 들려주거나 작곡가가 다양한 기후 유형에 따라 소리와 기분을 어떻게 창조해냈는지 판단하기 위해 부분적으로 들려줄 수도 있다.

대인관계지능 활동

학생들은 대개 물건 찾기 게임을 좋아한다. 다음 활동은 학생들에게 기후 관련 용어들을 안내해 준다. 교사는 학생들을 네 그룹에서 다섯 그룹으로 나누고, 각 그룹에게 기후 용어 목록을 나누어 주고, 가능하면 24시간 내에 많은 용어의 뜻을 찾아내게 한다. 학생들은 또한 이러한 기후 현상이 사람들에게 생활에 어떤 영향을 미치는지 기술해야 한다. 학생들은 용어 사전을 찾아볼 수 있고, 다른 사람들에게 물어볼 수도 있으며, 가까운 대학의 도서관 사서나 지역 전문가들에게 물어볼 수 있다. 그 전에 그룹 구성원들은 효율적으로 과제를 수행할 수 있는 계획을 세워야 한다.

학생들이 기후 용어에 대한 정의를 찾아내기 전에 용어의 정의에 어떤 요소들이 포함되어야 하는지를 토론하게 하는 것도 좋은 방법이다. 학생들이 자기 자신만의 정의를 내리는 연습을 하고, 기후 용어들의 정의를 (그대로 베끼지 않고) 다른 말로 표현할 수 있도록 안내해야 한다. 물건 찾기 게임을 위한 기후 용어들은 다음과 같다.

공기	습도	돌풍
기압	허리케인	폭풍
기압계	습도계	기온
눈보라	얼음	온도계
치누크 바람	제트기류	천둥구름
번개	회오리바람(토네이도)	집중호우
장맛비	태풍	사이클론
우박	눈	이슬
비	온난전선	증발
적도무풍지대	무지개	물기둥
가뭄	우량계	기상관측기구
황사	모래폭풍	풍향계
안개	열풍	회오리바람
서리	진눈깨비	바람

자기이해지능 활동

다음 질문과 함께 날씨에 대해 생각해 보고, 왜 그런 반응을 보였는지에 대해 그 이유를 설명하도록 한다.

1. 가장 좋아하는 날씨는 어떤 날씨인가?

2. 가장 싫어하는 날씨는 어떤 날씨인가?

3. 만약 매우, 매우 뜨거운 지방에서 사는 것과 매우, 매우 추운 지방에서 사는 것 중에서 하나를 고른다면 어떤 것을 고르겠는가?

4. 계속해서 비가 오는 날에는 어떤 기분이 드는가?

5. 계속해서 해가 뜨는 날에는 어떤 기분이 드는가?

6. 계속해서 눈이 오는 날에는 어떤 기분이 드는가?

7. 폭풍우는 어떤 기분이 들게 하는가?

8. 바람은 어떤 기분이 들게 하는가?

9. 만약 자신을 날씨에 비유한다면, 어떤 날씨에 해당하며, 그 이유는 무엇인가?

10. 만약 자신이 기후의 네 요소 중 하나가 된다면, 어떤 요소에 해당하며, 그 이유는 무엇인가?

11. 과학자들이 플라스틱으로 만든 커다란 지붕을 만들었고, 이 지붕은 밀폐된 공간과 통제된 기후를 담고 있다. 여기에는 거주 지역, 정원, 레크리에이션 지역 등이 있다. 사람들은 여기에서 약 2년 이상 살아왔다. 여러분은 날씨가 완전히 잘 통제된 인위적인 환경을 가진 곳에서 살기를 원하는가, 아니면 평범한 기후의 불확실한 환경을 가진 곳에서 살기를 원하는가? 그 이유는 무엇인가?

자연탐구지능 활동

논리수학지능 활동이 자연탐구지능 활동들에 병합되어 있다. 기후도를 활용하거나 국립기후서비스 웹사이트 또는 weather.com은 자연탐구지능 활동으로 활용할 수 있다. 개별화된 자연탐구자 활동으로서, 학생들은 날마다 또는 주말마다 관찰에 대해 개인적인 기후관측일지를 써야 한다. 여기에는 기후가 변함에 따라 기분이나 성격이 어떻게 영향을 받는지에 관해 쓰도록 되어 있다.

평가

물건 찾기 게임을 하면서 대여섯 가지 기후 관련 용어를 설명한다.

제12과: 봄

교과 영역: 언어예술

주 교육과정 목표: 각 계절마다 독특한 특성이 있다.

가르칠 원리: 생명은 지속적으로 변화한다.

단원: 계절과 변화의 원인

학년 수준: 3~6학년

필요한 자료: 에즈라 잭 키츠(Ezra Jack Keats)의 책 『봄의 정원에서(In a Spring Garden)』; 별자리표; 씨앗과 종이 컵, 또는 정원 손질 도구; 건포도와 이쑤시개; 음악지능 활동 학습지 및 자기이해지능 활동 학습지

언어지능 활동

봄이 찾아오는 흔적을 찾기 위해 야외 걷기를 한 후 학생들은 에즈라 잭 키츠의 『봄의 정원에서(In a Spring Garden)』와 그 외 봄에 관련된 시를 읽는다. 봄에 관한 시의 첫 줄을 학생들에게 읽어주고 나머지는 학생들로 하여금 자신의 표현으로 시를 마무리하도록 한다. 학생 각자가 적어도 하나 이상의 봄(또는 다른 계절)에 관한 시를 쓰도록 한다. 교사는 학생들이 쓴 시를 돌려가면서 읽도록 하고, 모두가 읽은 후에는 이들을 모아 학급문집으로 엮는다. 학생들은 문집의 제목을 투표를 통해 정한다.

논리수학지능 활동

봄에 맞추어 몇 가지 양적인 활동을 할 수 있다. 학생들은 일조 시간을 시간과 분 단위로 나타낼 수 있다. 학생들은 책력(almanac)[4]이나 정확한 시간을 알려주는 일간 신문으로부터 자료를 수집한다. 학생들은 전날보다 얼마만큼 낮의 길이가 길어졌는지 계산해보고, 이러한 것을 수일 또는 수주 계속하여 누적 자료를 얻는다.

학생들은 새싹, 가지, 나무의 성장을 측정하거나 콩, 호박, 해바라기를 컵에 길러보면서 매일 이들의 성장을 측정한다. (잔디도 매일 그 성장 정도를 측정할 수 있다.)

학생들이 취할 수 있는 또 다른 학습 활동은 남반구와 북반구의 봄 또는 남극과 북극의 봄을 비교, 대조해 보는 것이다. 지구상에 왜 이런 변화가 오는지를 탐구해보도록 한다. 학생들 중에는 이런 현상을 설명할 수 있는 작은 모형을 만들고 싶어 하는 학생이 있을 수도 있다.

신체운동지능 활동

학생들이 교실을 아름다운 봄의 정원으로 새롭게 만든다. 간식용으로 녹두 싹을 키울 수도 있고, 또는 종이컵을 이용하여 다른 종류의 정원 야채나 꽃을 키울 수 있다. (씨앗 한 봉지면 한 학급이 키우기에 충분하다.) 고구마, 당근, 무 등 다른 뿌리 야채도 심을 만하다. 학생들은 간단히 뿌리의 아래쪽 부분을 약 1인치 정도 길이로 자른 후에 물이 든 접시에 놓기만 하면 된다. [아보카도(열대 과일의 일종) 씨는 정지점이 하늘로 향하게끔 하면 물에 반쯤 잠긴 작은 나무에서도 자란다.] 식물은 며칠만 지나면 새로운 싹이 돋아날 것이다.

만약 학교 안에 야외 정원이 있다면, 교사는 학급 정원을 위해 정원의 한 부분을 경작하고자 하는 학생이 있는지 물어본다. 만약 하고 싶다는 학생이 나타나면, 그 학생으로 하여금 정원을 경작하는 계획을 세우도록 하는데, 여기에는 예산, 심을 작물의 배치 계획, 식물 심기 등이 포함되도록 한다. (로스엔젤레스 남중부의 한 학교에서는 학생들이 실제로 정원을 경작하여 이익을 창출하는 사업으로 바꾸어 대학 장학금을 위한 기금을 창출하기도 하였다.)

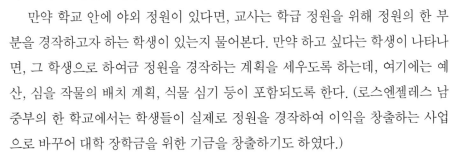

---

4) 시간을 구분하고, 날짜의 순서를 매겨나가는 방법으로 시간단위를 정할 때 주로 달과 같은 천체의 주기적 현상이 기본이 됨.

시공간지능 활동

학생들에게 별자리 차트들을 제공하고, 봄 하늘에 나타나는 것들을 찾아보게 한다. 건포도와 이쑤시개를 활용하여 만들 수 있는 하나 또는 두 개의 별자리를 선택하도록 한다. 학생들은 그들이 만들 별자리에 대한 사진을 찾아보도록 한다.

음악지능 활동

윌리엄 블레이크(William Blake)의 시, '봄(Spring)'을 학생들과 함께 읽어본다. (또는 우리나라 시를 한 편 선정하여 활용한다.)

Spring

Sound the Flute!

Now it's mute.

Birds delight

day and Night;

Nightingale

In the dale,

Lark in Sky,

Merrily,

Merrily, Merrily to welcome in the Year.

Little Boy

Full of joy;

Little girl,

Sweet and small;

Cock does crow,

So do you;

Merry voice,

Infant noise,

Merrily, Merrily to welcome in the Year.

Little Lamb,

Here I am;

Come and lick

My white neck;

Let me pull

Your soft Wool;

Let me kiss

Your soft face:

Merrily, Merrily to welcome in the Year.

학생들은 후렴구인 'Merrily, Merrily to welcome in the spring.' 을 바꾼다. 자신이 직접 봄을 설명하는 한 줄짜리 시 구절을 지어 본다. 그리고 학생들이 직접 지은 구절을 대여섯 개씩 묶고, 바뀐 후렴구를 뒤에 붙여 시를 만든다.

이 활동은 학생들에게 봄노래를 합창하면서 읽을 수 있도록 해준다. 새롭게 작곡한 노래에 자기가 지은 구절이 나오면, 그 구절은 지은이가 읽게 된다. 각 절의 마지막 후렴구가 나오면 모든 학생들이 함께 소리 내어 읽는다. 후렴구는 리드미컬할 것이며, 후렴구를 위해 새로운 멜로디를 만듦으로써 더욱 향상될 수 있다. 이 노래는 다른 계절을 배울 때도 활용할 수 있다.

대인관계지능 활동

학생들을 소그룹으로 나눈다. 각 그룹은 나라를 하나 선택하거나 지리적인 지역을 하나 선택하여 공부한다. 온라인, 백과사전, 사회과 교재, 다양한 문화를 가진 사람들과의 인터뷰, 또는 다른 자원을 활용하여, 이들 지역이나 문화에서는 봄 축제를 어떻게 하는지 조사한다. 근래 들어서는 많은 지역에서 봄 축제 그 자체를 크게 하지는 않을지라도 대부분 종교, 전통, 또는 정치적 축제 형태를 취하면서 봄을 맞이하고 있다. 부활절, 노동절, 고대 셀틱 주야 평분시(춘분 또는 추분) 축제들은 봄철 의식의 예이다. 학생들의 조사가 끝나면 전체 학급 앞에서 각 그룹이 알게 된 내용을 발표한다.

자기이해지능 활동

교사는 각 계절이 도래하면서 변화하는 것에 대해 학생들로 하여금 토론하게 한다. 학생들은 자신들에게 일어나는 자연의 이러한 변화들을 비교한다. 이 토론에서는 다음과 같은 질문에 초점이 맞추어질 수 있다: 계절의 변화, 자신은 어떻게 변화되었는가?, 장차 어떻게 자신이 변화할 것인가? 그런 후에 학생들은 다음과 같은 문두를 활용하여 시적 반응을 쓴다.

이전에 나는 _____

지금 나는 _____

다음에 나는 _____

이전에 나는 _____

지금 나는 _____

다음에 나는 _____

이전에 나는 _____

지금 나는 _____

다음에 나는 _____

그리고 내가 항상 변하지 않고 그대로 있을 것은 _____

자연탐구지능 활동

다시 말하지만, 학생들은 봄이 되면서 일어나는 것을 관찰한 변화와 이러한 변화에 대한 생각에 대해 개인적으로 기록하거나 학습일지를 써야 한다. 이러한 기록은 글로 써도 되고 그림으로 그려도 된다. 학생들은 변화를 묘사함에 있어서 모든 감각을 활용하여야 한다. 들은 소리가 무엇인지, 어떤 냄새가 났는지, 창밖이나 학교를 오가는 길에서 볼 수 있었던 변화는 무엇인지 등을 기록하여야 한다. 이러한 변화가 뜰에서 일어났는지 아니면 뒤뜰, 학교 운동장, 공원 등 어디에서 일어났는지 구체적인 장소를 기록하여야 한다. 계절이 변화할 때마다 학생들의 기록장이나 학습장에 나타난 변화를 다시 확인해볼 수 있어야 한다.

평가

학생들은 봄에 대한 그림이나 낱말을 활용하여 콜라주를 만든다. 이러한 그림은 그리거나 오래된 잡지나 씨앗 카탈로그에서 오려낼 수 있다. 콜라주는 봄의 특성을 적어도 10개 이상 나타내야 한다. 예를 들어, 활짝 피는 꽃, 개굴개굴하는 개구리, 알을 부화시키는 새, 점점 길어지는 일조, 북반구에서 볼 수 있는 봄 별자리, 지구촌 각지에서 볼 수 있는 각종 축제나 공휴일 등을 나타내야 한다.

제13과: 파이, 원주, 지름의 관계

교과 영역: 수학

주 교육과정 목표: 기하학적 도형들의 관계

가르칠 원리: 파이는 원의 지름과 원주 사이의 관계를 나타낸다.

단원: 측정

학년 수준: 5~12학년

필요한 자료: 원주와 지름에 관한 정보, 논리수학지능 활동을 위한 수학 문제들의 복사 유인물, 음악지능 활동을 위한 노래, 학생 각자의 자기이해지능 활동을 위한 인용 글, 두 명한 조가 사용할 수 있는 긴 노끈 조각들, 각도기, 자, (제도용) 컴퍼스, 원 모양 견본, 가위, 색종이, 간단한 음악 악기, 모든 학생들에게 제공된 8 내지 10인치 종이

언어지능 활동

학생들에게 파이의 개념을 소개하기 위해서 교사는 원주와 지름의 관계에 대한 설명 자료를 만들거나 학생들로 하여금 이에 관련된 정보가 담겨 있는 자료 표를 읽게 한다. 자료 표는 교과서, 웹사이트, 백과사전 등에서 구할 수 있다. 학생들이 정보를 읽고 나면, 원, 지름, 원주에 대해 각각 세 가지씩을 쓰도록 한다.

논리수학지능 활동

학생들은 지름과 원주를 결정하기 위해 다음 공식을 활용하여 학습지 문제 형태를 해결할 수 있다. (학습지는 학생들에게 복사해서 나누어 줄 수 있도록 만들어 졌다.)

$$\text{원주} = \pi d \qquad \text{면적} = \pi d^2$$

원에 관한 수학 문제

1. 반지름이 5cm인 원이 있다.
   a. 이 원의 원주는 얼마인가? _____
   b. 이 원의 면적은 얼마인가? _____

2. 반지름이 12cm인 원이 있다.
   a. 이 원의 원주는 얼마인가? _____
   b. 이 원의 면적은 얼마인가? _____

3. 지름이 43m인 원이 있다.

a. 이 원의 원주는 얼마인가? _____

b. 이 원의 면적은 얼마인가? _____

4. 지름이 15마일인 원이 있다.

   a. 이 원의 원주는 얼마인가? _____

   b. 이 원의 면적은 얼마인가? _____

5. 어떤 원의 면적은 452.16 cm^{2}이다.

   a. 이 원의 반지름은 얼마인가? _____

   b. 이 원의 원주는 얼마인가? _____

문제들을 다 풀고 나면 앞에 주어진 공식을 활용하여 여러분 자신만의 문제들을 만들어 본다.

신체운동지능 활동

교사는 학생들에게 원의 크기와 상관없이 원주는 항상 원 지름의 세 배보다 약간 크다는 것을 상기시켜야 한다.

학생들은 두 명씩 짝을 짓거나 소그룹으로 공부한다. 학생들은 순서를 바꿔 가면서 팔을 이용하여 원을 만들어 본다. 한 학생이 원을 만들면, 노끈을 갖고 있는 다른 학생은 짝이 만든 원의 지름과 원주를 재고, 그 두 측정 사이의 관계를 결정한다. 지름과 둘레의 관계가 항상 일정하다는 것을 확인하기 위해서는 적어도 세 개의 다른 크기의 원을 사용해야 한다. 이 활동을 확대하기 위해서는 신체 운동적 관계를 증명할 수 있는 또 다른 방법을 찾아봐야 한다.

시공간지능 활동

학생들은 컴퍼스, 각도기, 원 모양의 본, 색종이, 가위, 자를 활용하여 예술 작품을 만든다. 이 작품은 원과 직선으로만 이루어져야 한다. 원은 크기가 달라도 되지만 직선은 원주, 지름, 반지름의 길이와 모두 똑같은 크기여야 한다고 일러준다. (기억할 것: 원주는 항상 원 지름의 약 세 배이다.)

음악지능 활동

학생들에게 간단한 악기를 주고 다음 노래에 어울리는 노래를 만들도록 한다.
(또는 우리나라 노래를 한 곡 선정하여 활용한다.)

A Circular Song

We use circles every day.

They help us ride our bikes away.

We see circles through a round eye.

And we know 3.14 is Pi.

Diameters cut circles in two.

to get circumference, here's what you do:

Multiply the diameter by 3.14.

Now wasn't that an easy chore?

부가적인 음악 활동을 위해 돌림노래로도 부를 수 있다. 이러한 활동은 학생들로 하여금 원형에 대한 경험을 할 수 있게 한다. 돌림노래 목록이 아래에 제시되어 있다. 세 그룹이 각 소절을 부를 때 세 번씩 완전히 부르면, 학생들은 음악 활동에서도 원 형태 비슷하게 움직일 수 있다는 것을 알게 될 것이다.

O, How Lovely is th Evening

One Bottle of Pop

Scotland's Burning

Kookaburra

Make New Friends

Hey, Ho, Nobody Home

I love the Flowers

Come Follow

Row, Row, Row Your Boat

Jubilate

Happiness Runs in a Circular Motion

대인관계지능 활동

학생들은 짝을 지어 공부한다. 각 학생에게는 반지름이 8~10인치 정도 되는 종이 원을 나누어 준다. 각 조에서 한 학생은 읽는 사람이고 다른 한 학생은 폴더를 책임지는 사람이다. 폴더를 책임 맡은 학생이 폴더에서 종이 원을 하나 끄집어낸다. 읽는 학생이 다음 지시사항을 읽어주면 폴더를 책임지는 학생은 그대로 행동한다.

1. 원을 반으로 접고, 지름을 따라 접은 자국(금)을 낸다.

2. 다시 원을 반으로 접고, 두 직각의 반지름을 만든다.

3. 종이를 다시 편다.

4. 두 개의 인접한 지름 선의 끝점을 이용하여, 이 두 점을 연결하도록 납작하게 접어 한쪽을 만든다.

5. 같은 행동을 반복해서 나머지 다른 세 쪽도 만든다.

6. 어떤 모양을 만들었는가?

7. 원에서 각 측면의 길이와 원은 어떤 관계가 있는가?

8. 그 다음에는 짝의 역할을 바꾸어서 한다. 연습을 마친 후, 학생들은 원래의 원을 가지고 얼마나 많은 다른 모양을 만들 수 있는지를 알아보기 위해 함께 공부할 수 있다. 학생들이 삼각형, 오각형, 사다리꼴 등을 만들 수 있겠는가?

자기이해지능 활동

다음 내용을 복사하여 학생들에게 나누어 준다.

랄프 왈도 에머슨의 수필 '원'을 인용

"인간의 삶은 스스로 진화하는 원이다. 그 원은 인식하기 어려울 정도로 작은 고리로부터 출발하여 바깥쪽으로 퍼져 나가서 보다 새롭고 큰 원을 만들며, 끝없이 퍼져 나간다. 이러한 원들 세대의 강한 정도는, 바퀴 없는 바퀴를 만들면서 나아갈 것이며, 각자 개인의 영혼이나 진실에 의존할 뿐이다. 각 생각의 내적인 노력이며, 환경에 대해 원형 방식으로 그 자체가 형성되면서, … 그 언덕에 쌓이고, 또 굳어지고 하면서 삶의 가장자리를 만든다. 그러나 영혼이 빠르고 강하다면, 모든 방향의 경계를 뚫고 퍼져 나가서, 매우 심오하게 다른 궤도로 확산된다. 이것은 또한 높은 파도를 이겨낼 것이며, 다시 정지하려 하거나 묶어 두려고 할 것이다. 그러나 심장은 갇혀 있는 것을 거절한다. 즉, 심장의 처음과 좁은 맥박은 이미 굉장한 힘을 가지고 바깥쪽으로 향하고 있으며, 엄청나고도 셀 수 없는 확장을 한다."

학생들이 이 글을 다 읽으면, 읽은 것에 대해 생각해보고, 다음 질문을 활용하여 자기 생각을 친구들과 토론한다.

1. 에머슨에 의하면, 우리들의 삶은 어떻게 원을 만드는가?

2. 어떻게 우리는 한 원에서 다음 원으로 이동하는가?

3. 우리들의 원은 다른 사람들의 원들과 겹치기도 하는가?

4. 가족들의 원, 그룹의 원, 국가의 원, 문명의 원 또는 인간 진화의 원이 있는가?

만약 인용 글이 학생들에게 너무 어려우면 교사는 원처럼 바깥쪽으로 비유되어 확대되는 어떤 사람의 삶의 개념을 통해 보다 단순하게 제시할 수 있다.

자연탐구지능 활동

학생들로 하여금 자연 상태에서 원을 찾아보게 한다. 해, 달, 암석, 나뭇가지나 나무의 교차되는 부분, 연못의 잔물결, 떨어지는 빗방울, 곤충의 눈, 회오리바람, 땅(밭)다람쥐 구멍 등을 찾아보게 한다. 왜 이런 원이 자연적으로 생겨나는지, 이런 원의 장점과 단점이 있는지, 또 자연에 다른 모양은 없는지 등을 토론하게 한다. 다시 말해서, 왜 이런 것이 삼각형이나 사각형이 아닌지 토론하게 한다.

평가

학생들은 논리수학 활동 또는 운동 활동 내에서 문제들을 해결함으로써 파이(π)에 대해 이해한 것을 증명하도록 한다.

제14과: 혜성

교과 영역: 과학(천문학)
주 교육과정 목표: 혜성은 태양 궤도를 떠도는 물체이다.
가르칠 원리: 우주는 대단히 흥미로운 물체로 가득 차 있다.
단원: 태양계
학년 수준: 4~9학년
필요한 자료: 언어 활동, 음악 활동, 수학 활동, 자기이해 활동, 평가 활동에 활용할 다음 자료의 복사 유인물; 마시멜로(구할 수 없다면, 구겨진 종이 조각); 음료수 빨대 또는 짧은 막대(이쑤시개도 가능); 리본(또는 실이나 끈); 과학책, 모눈 그래프용지; 인쇄용지; 자; 가위; 청색 제도지; 짜서 쓸 수 있는 용기에 담긴 흰색 풀; 반짝이 (금색, 은색, 또는 혼합

색) 또는 다른 미술 재료; (음악실이나 가정에서 만들어 온) 타악기

언어지능 활동

혜성에 대해 간단히 안내하거나 학생들로 하여금 과학책에 나타난 정보 또는 다음 쪽에 나타난 정보지를 읽도록 한다.

혜성 정보지

혜성은 꼬리를 단 솜털이 보송보송한 별처럼 보인다. 혜성은 얼음, 가스, 먼지로 이루어진 공 모양의 물체이다. 혜성은 타원이라 부르는 달걀 모양의 공전 축을 따라 태양계를 지나 여행한다. 모든 혜성은 행성처럼 태양의 중력장 내에 갇혀 있기 때문에 태양을 돈다. 일부 혜성은 짧은 궤도로 돌고 어떤 것은 수개월에 걸쳐 돌기도 한다. 또 다른 혜성은 긴 궤도로 돌며, 태양을 도는 데 수백 년이 걸리기도 한다.

혜성의 길고 빛나는 꼬리는 태양에 가까이 다가옴에 따라 만들어지기도 하는데, 꼬리 길이가 100만 마일이 넘게 길게 늘어지기도 한다. 혜성이 태양에 접근해오면, 열기로 인해 얼음 같은 핵이 증발하며, 핵 주변에 코마[혜성 주위의 성운(星雲) 모양의 물질]라는 것을 형성한다. 그렇게 되면 태양빛의 압력이 핵으로부터 작은 먼지 입자들을 밀어 내어 꼬리를 형성하게 된다. 혜성의 빛은 태양으로부터 우회하여 온다. 지구에서 바라보는 사람들에게 보이는 것은 핵에 대한 태양빛의 반사광이며 혜성의 꼬리이다.

혜성이 태양에 접근함으로써 혜성 뒤에서 꼬리가 따라가는 것처럼 보이면서 꼬리는 항상 태양을 피하여 가리킨다. 그러나 태양을 돌고서 길쭉한 궤도를 따라 밖으로 돌기 시작하면, 사실상 꼬리가 혜성의 분자들을 이끌고 간다.

가장 유명한 혜성 중의 하나는 핼리(Halley) 혜성이다. 이 혜성은 77년을 주기로 지구에서 볼 수 있다. 핼리 혜성은 지난 1986년 지구 궤도를 통과할 때 지구에서 관찰되었다.

학생들이 이 정보지를 읽고 나면 다음 질문에 답을 적는다.

1. 혜성의 궤도 모양을 설명하는 낱말은 무엇인가? [타원]

2. 혜성의 공 모양의 물체 중앙을 무엇이라고 부르는가? [핵]

3. 공 모양의 중앙을 둘러싸고 있는 안개구름의 이름은 무엇인가? [코마]

4. 무엇이 혜성으로 하여금 꼬리를 갖게 하는가? [태양 빛의 압력]

5. 유명한 혜성 이름들을 쓰시오. [핼리 혜성, Hale-Bopp, Swift-Tuttle, Huakutake]

6. 언제 혜성의 꼬리가 앞장서게 되는가? [혜성이 태양에서 멀어질 때]

7. 혜성은 무엇으로 구성되어 있는가? [얼음, 가스, 먼지]

8. 혜성과 행성의 유사점은 무엇인가? [태양을 중심으로 돈다.]

9. 혜성과 행성의 차이점은 무엇인가? [궤도가 더 길쭉하다; 꼬리를 가지고 있다.]

10. 왜 혜성은 이상한 궤도를 갖고 있다고 생각하는가? [답은 다양할 수 있음; 예) 혜성은 태양계의 가장 먼 끝자리에 있기 때문이다.]

논리수학지능 활동

그래프 종이 위에 서로 다른 크기의 혜성들의 꼬리를 계산하여 그린다. 몇 가지 보기 문제는 다음과 같다.

혜성에 관한 수학 문제

1. 작은 혜성을 그린 후, 5cm 길이의 꼬리를 그린다.

2. 혜성을 하나 그린 후, 15cm 길이의 꼬리를 그린다.

3. 혜성을 하나 그린 후, 25cm 길이의 꼬리를 그린다.

4. 혜성을 하나 그린 후, 2인치 길이의 꼬리를 그린다.

5. 혜성을 하나 그린 후, 5인치 길이의 꼬리를 그린다.

6. 그래프 종이의 정사각형 하나를 채울 수 있는 정도의 크기로 혜성을 그린다. 혜성의 다섯 배나 되는 길이의 꼬리를 그린다.

7. 그래프 종이의 정사각형 하나를 채울 수 있는 정도의 크기로 혜성을 그린다. 혜성의 열 배나 되는 길이의 꼬리를 그린다.

8. 그래프 종이의 정사각형 하나를 채울 수 있는 정도의 크기로 혜성을 그린다. 혜성의 스물두 배나 되는 길이의 꼬리를 그린다.

9. 그래프 종이의 정사각형 하나를 채울 수 있는 정도의 크기로 혜성을 그린다. 그런 후 혜성의 길이보다 50배나 긴 꼬리를 그리는 방법을 찾아라.

10. 그래프 종이의 정사각형 하나를 채울 수 있는 정도의 크기로 혜성을 그린다. 그런 후 혜성의 길이보다 100배나 긴 꼬리를 그리는 방법을 찾아라.

신체운동지능 활동

마시멜로나 스티로폼 공, 빨대나 작은 막대, 리본이나 색 테이프를 이용하여 학생들이 혜성을 만들도록 한다. 직접 만든 혜성을 가지고 '태양' 주위를 걸어 다니면서 실제 혜성의 궤도를 시뮬레이션 해보고, 멀리 떨어져서 혜성의 꼬리를 가리킨다. 한 학생을 정하여 태양 역할을 하도록 하고, 큰 공, 가구 조각, 또는 핵으로부터 꼬리를 멀리 불어 보낼 수 있는 선풍기나 헤어드라이어를 활용한다.

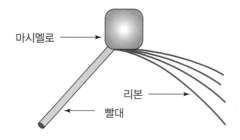

시공간지능 활동

학생들은 알맞게 이름을 붙인 핵, 코마, 꼬리를 가진 혜성을 시각 자료로 만든다. 교사는 학생들에게 모눈종이와 미술 도구를 제공하고, 학생들은 혜성을 그림으로 그릴 수 있고, 물감으로 칠할 수도 있으며, 접착제와 반짝이로 만들거나, 색색으로 된 접착점이나 털실, 또는 다른 미술 자료를 활용하여 만들 수 있다. 제시된 보기는 흰색 접착제와 반짝이로 쉽게 만들어본 것이다. 또한, 컴퓨터 그래픽을 활용하여 만들 수도 있다.

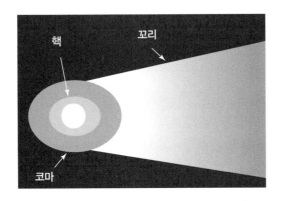

음악지능 활동

소그룹을 형성하여 학생들은 다음 노래에 덧붙일 6행의 노랫말(4행 이상의 각운이 있는 시구)을 짓도록 한다. 각 그룹은 나머지 학급 학생들에게 자신들의 노래가사를 가르친다. 이 노래의 멜로디는 '반짝 반짝 작은 별'이다. 학생들이 노래를 부를 때 사포, 흔드는 데 쓰는 용기로 콩이 든 항아리, 리듬 막대, 큰 못 등 음악실이나 집에서 가져온 타악기 등을 연주한다. 소음을 줄이기 위해 부드러운 타악기, 즉 콩 주머니, 스티로폼, 작은 막대, 건포도나 작은 마시멜로가 안에 들어있는 흔들이 등을 활용한다.

혜성 노래

Comet, comet, up so high,   혜성아, 혜성아, 하늘 높이 떠도는 혜성아
A fuzzy streak across the sky.   구름처럼 쏜살같이 어디를 가느냐
A ball of ice and dust and gas,   얼음과 먼지와 가스로 된 공아
A tail behind you as you pass.   네가 가면 꼬리가 뒤따라 가는구나
Comet, comet, as you burn,   혜성아, 혜성아, 네가 불을 뿜고 지나가면
We will want for your return.   다시 돌아오기를 기다릴 거야

Comet, comet, up so shigh,   혜성아, 혜성아, 하늘 높이 떠도는 혜성아
Streaking back across the sky.   쏜살같이 어디를 가느냐
A ball of ice and dust and gas,   얼음과 먼지와 가스로 된 공아
Your tail before you as you pass.   네가 지난 앞에는 네 꼬리가 있구나
Comet, comet, far away,   혜성아 혜성아 네가 멀리 떠나가더라도
Please come back again some day.   언젠가 또다시 돌아올 거지?

대인관계지능 활동

학생들은 소그룹을 지어 혜성에 대해 알아맞히기 수수께끼를 만든다. 사실 알아맞히기 수수께끼를 만들기 위해서는 '8인치 × 10인치' 또는 그보다 큰 인쇄 종이나 제도지가 필요하다. 그룹 내 각 학생은 적어도 수수께끼의 한 조각을 담당하여야 한다. 종이 가운데 '혜성'이라고 먼저 쓰고 나서 시작한다. 각 조각을 분명히 밝히기 위해 가운데 혜성에서 물결 모양으로 가장자리까지 선을 긋는다. 각 조각을 가위로 오려내기 전에 학생들은 종이의 앞면과 뒷면을 구별하기 위해 뒷면에다 색칠을 한다. 그런 후 학생들 각자가 자기가 맡은 혜성의 사실 내용을 쓸 조각을 가위로 오려낸다. 한 차례에 하나씩 학생들은 자기 그룹의 수수께끼 조각들을 맞추어 가고, 다른 그룹의 것들도 이와 같이 한다. 학생들이 수수께끼를 맞추어내면, 시간을 내어 학습하도록 하게 하고, 수수께끼 전시물의 정보를 생각해보도록 한다.

다른 소그룹 학습 활동으로 혜성 수수께끼, 행성 수수께끼, 유성 수수께끼, 소행성 수수께끼, 달 수수께끼 등을 차례로 만들 수 있다. 만약 각 그룹이 똑같은 모양 판을 사용한다면, 별도의 도전적인 과제를 소개할 수도 있다. 즉, 모든 수수께끼의 모양 판이 다 같으므로 어떤 수수께끼 판의 한 부분을 떼어다 다른 모든 수수께끼 판에 정확하게 맞추어 보는 것이다. 만약, 모든 수수께끼 판의 조각들이 서로 섞였으면, 학생들은 수수께끼를 맞추기 전에 조각들을 종류별로 분류하여 정리한다. 이 활동은 학생들로 하여금 천체 천문 분야에 관한 지식을 더 확대, 적용할 수 있도록 한다.

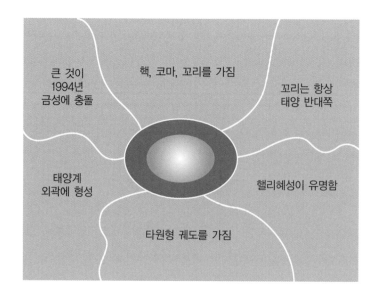

자기이해지능 활동

학생들은 다음 학습지에 대해 짝을 이루어 토론하거나 개인적으로 답을 찾아 쓴다.

혜성에 대해 생각해야 할 질문

이름: _____

1. 만약 자신이 멀리 떨어진 혜성을 탐사하기 위해 우주로 여행을 떠나야 한다고 했을 때 가지고 갈 것 10가지만 쓰시오.

2. 이 여행이 10년이나 걸린다면, 우주로 떠나기 전에 어떤 느낌이 들 것이라 생각하는가?

3. 자신의 생각을 어떻게 공유할 것이며 누구와 공유할 것인가?

4. 여행을 하는 동안 자신은 어떤 식으로 변할 것이라고 예상하는가?

5. 혜성의 궤도는 주기적이다. 즉, 정기적인 시간 간격으로 궤도의 같은 지점을 통과하게 된다. 정기적인 시간 간격(날마다, 주마다, 월마다, 해마다, 또는 그보다 더 긴 시간마다) 사이에 자신의 삶에 무슨 일이 일어날 것 같은가?

6. 정기적인 시간 간격마다 자신의 삶에 무슨 일이 일어나는 것을 좋아하는가, 그러한 것이 일어나지 않기를 바라거나 아니면 자연스럽게 일어나기를 원하는가? 그 이유는 무엇인가?

자연탐구지능 활동

학생들은 혜성에 관한 자료와 함께 표를 만든 후, 결론을 도출해내거나 다른 학생들과 그 자료에 대해 토론한다. 혜성이라는 검색어로 인터넷 검색을 하여 유사한 자료들을 찾아낼 수 있다.

이 자료에 관련해 물어볼 수 있는 질문은 다음과 같다.

1. 어떤 혜성이 가장 최근에 관찰된 것인가?

2. 이러한 혜성들이 태양의 궤도를 도는 데 드는 시간의 범위는?

3. 핼리혜성을 지구에서 보려면 우리 나이는 몇이나 되겠는가?

4. Hayakutake 혜성을 다시 보기 위해 기다린다면 자신은 몇 살이나 되겠는가?

혜성의 이름	발견된 연도	태양 궤도를 도는 주기	태양을 지나갈 다음 연도 또는 지나간 마지막 연도
Chiron	1997	54	2047
Hale-Bopp	1995	2000	1997
Halley's Comet	?	76	2062
Hyakutake	1996	30000	3100
Kohoutek	1973	?	?
Shoemaker-Levy 9	1993		1994년 목성과 충돌하다.
McNaught	2007	?	2007

평가

혜성에 대한 학생들의 학습 정도를 평가하기 위해서는 다음의 학습 과제들 중에서 관심 있는 것 하나를 선택하여 해결하도록 한다.

혜성에 관한 1~2쪽의 보고서를 쓰도록 한다. 학생들은 적어도 세 가지 정보, 즉 제목이 들어 있는 쪽, 참고문헌, 적어도 하나의 다이어그램을 활용하여야 한다. 보고서는 반드시 타이핑하거나 단정하게 써야 한다.

혜성과 관련된 노래를 짓는다. 이 노래에는 적어도 다섯 가지 사실과 관련 음악이 포함되어야 한다.

모의 인터뷰를 실시한다. '전문가'와 함께 혜성에 대해 모의 인터뷰를 한다. 한 학생이 인터뷰를 하는 사람이 되고, 다른 한 사람은 과학자가 된다. 인터뷰에는 혜성에 관한 5~10가지 주요한 사실이 포함되어야 한다.

혜성에 관한 다이어그램이나 포스터를 만든다. 포스터에는 반드시 혜성의 물리적 구조, 궤도, 그리고 지구에서 인간에게 어떻게 보이는지에 대한 정보가 포함되어야 한다.

위의 과제 중에서 아무것이나 하나 선택하고 급우와 함께 협력하여 공부한다. 만약 이러한 선택을 하게 되면, 과제의 일정 부분에 대해서는 두 학생 모두가 책임을 져야 한다.

발표 방법을 선정한다. 혜성에 대해 배운 것을 발표할 방법을 선택한다. 이 프로젝트를 하기 전에는 교사의 승인을 받아야 한다.

필기시험을 치른다. 앞서 언어지능 활동을 위해 제공된 질문이 시험 문제로 포함될 수 있다.

제15과: 보스턴 차(茶) 사건(Boston Tea Party)

교과 영역: 사회
주 교육과정 목표: 독립
가르칠 원리: 힘이 있다고 언제나 옳은 것은 아니다.
단원: 미국 혁명의 원인
학년 수준: 3~6학년
필요한 자료: 패트릭 헨리(Patrick Henry)의 '자유가 아니면 죽음을 달라(Give Me Liberty or Give Me Death)' 연설문 복사 자료; 포장지, 금전등록기 테이프 또는 9×18인치 제도용이; 테이프; 시각 지능, 대인관계지능, 자기이해지능, 음악지능을 위한 학습지

언어지능 활동

보스턴 차 사건은 영국으로부터의 식민지 관계를 청산하는 계기가 된 사건이며 많은 교사들이 가르치는 주제이다. 학생들로 하여금 반란의 원인에 대해 공부하고 나서 헨리 패트릭의 1775년 연설문인 '자유가 아니면 죽음을 달라' 를 읽도록 한다. 학생들에게 영국에 대항해서 저항하도록 시민들을 고취시키기 위해 이와 유사한 '군대를 동원하라' 라는 연설문을 작성하도록 한다.

학생들이 작성한 연설문에는 인지세법이나 설탕세법과 같은 반란의 정당성을 대변하는 몇 가지 역사적 이유를 포함하도록 한다. 또한 민중이 반드시 봉기해야만 한다는 최소 세 가지 이유를 포함하도록 한다. 이 연설은 적어도 3분 이상 지속되어야 하며, 처음 시작에는 ('사랑하는 동료 시민 여러분' 과 같은) 인사말이 있어야 하고, 끝마무리에는 ('이러한 이유들 때문에, 여러분이 영국에 대항하여 무기를 들고 즉시 저를 따를 것을 간절히 원합니다. 동료 여러분 일어섭시다. 반란을 일으킵시다.' 와 같은) 강력한 결론이 있어야 한다.

다른 관점을 위해서는 대안 형태의 연설문이 작성되어야 한다. 예를 들어 평화주의자들에 의해서는 평화를 요청하는 연설문이, 중재자들에 의해서는 갈등 해결을 중재 요청하는 연설문이, 미국 원주민에 의해서는 우리 땅을 떠날 것을 요청하는 연설문이, 영국인들에 의해서는 항복을 요청하는 연설문이 작성되어

야 한다. 각 연설문마다 청중이 연설자의 충고를 따를 수밖에 없는 최적의 이유들을 제시해야 한다. 이러한 이유들은 보스턴 차사건 이전의 실제 상황에 근거하여야 한다.

관련 심화학습으로 학생들에게 관심 주제들과 관련해서 유사한 연설문을 작성하도록 (또는 이야기를 쓰도록) 한다. 예를 들어, 학생들은 숙제를 없애달라는 청원서를 쓸 수 있다.

논리수학지능 활동

학생들은 보스턴 차 사건에 이르기까지에 대한 사건 연대표를 만든다. 이 연대표는 책 형태로 만들되, 칸이 그려진 종이에 수직으로 만들어야 한다. 각 쪽마다 달력 형식을 취하고, 다른 사건이 강조되며, 아래 그림에서 보는 바와 같이 간단히 '선'을 그어 만들 수 있다. 가능하다면 Inspiration과 같은 컴퓨터 그래픽 소프트웨어를 활용할 수 있다.

다음의 연대표 예는 미국 독립 혁명으로 가는 많은 사건 중에서 몇 가지만 보여주고 있다.

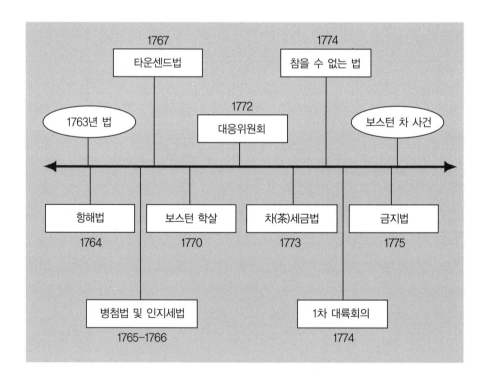

신체운동지능 활동

다음은 보스턴 차 이야기 사건 무언극이다. 학생들이 장면을 무언극으로 나타내는 동안 교사는 소리 내어 읽는다. 단 하나의 규칙은 학생들은 무언극을 하는 동안 어떤 것도 손댈 수 없다는 것이다. 교사는 미리 소리 내어 이야기를 읽는 연습을 하여야 한다. 학생들에게 읽어 줄 때는 학생들의 반응을 모니터하고, 상황에 맞게 이리저리 움직이거나 멈추어 선다. 학생들이 어떤 것을 보고, 냄새 맡으며, 만져보는 데 있어 상상력을 활용할 수 있는 기회를 강조한다. 경험을 생활과 연계시키는 것이 감각이기 때문이다.

또한, 교사는 학생들에게 어둠 속에서 좁은 거리를 엎드려 기어가는 무언극을 하도록 함으로써 준비 활동에 참여하도록 해야 한다. 그렇게 함으로써 아무도 그들을 보거나 들을 수 없도록 하고; 좁은 (배와 부두를 연결하는) 트랩을 기어 올라 수면으로부터 20피트 높이에 있는 배에 올라타며; 소리 없이 배의 측면으로 무거운 상자를 던진다.

다음은 학생들이 무언극을 펼치는 동안 교사가 소리 내어 읽는 보스턴 차 사건 이야기이다.

당신은 1773년 보스턴의 한 젊은 시민이다. 오늘밤 당신은 어마어마한 모험을 계획하고 있다. 준비를 위해 방금 낮잠을 잤다. 교회 첨탑에서 들려오는 종소리를 들으면서 당신은 아직 침대에 누워 있다. 조심해서 듣는다. 열두 번의 종소리가 울린다. 자정이다. 문 밖에서 두드리는 소리가 난다. 빠르게, 그러나 소리 나지 않게 일어나 앉아 부츠를 신는다. 부츠 끈을 묶으면서 흥분에 젖어 두 손은 사실상 떨고 있다.

일어나 따뜻한 코트를 입고 창문으로 다가간다. 아주 조심스럽게 셔터를 밀어 열고 가볍게 땅을 짚어가면서 밖으로 기어나간다. 당신의 가장 친한 친구가 기다리고 있다. 서로 간단하게 인사를 하고, 깜깜한 거리를 남몰래 친구와 함께 내려간다. 조심하면서, 당신은 사거리 골목을 재빨리 훔쳐본다. 그날 오후 회의에 모였던 다른 시민들을 본다. 부둣가 쪽 거리로 은밀히 숨어 들어간다. 당신은 조용히 그들에게 손을 흔들며 그림자 속으로 물러난다.

거리를 따라 아주 천천히 움직여 깃털이 펄럭이는 어떤 문 앞에 도착한다. 당신의 친구에게 이곳이 다른 사람들을 만날 장소라는 것을 신호해 준다. 문이 열리고 당신은 안으로 미끄러지듯 들어간다. 당신과 같은 다른 시민들은 얼굴에 페인팅을 하고 있고, 미국 원주민처럼 보이게 하기 위해 옷을 갈아입고 있다. 당신은 코트를 벗고 가죽 셔츠로 갈아입는다. 그리고 앉아서 부츠를 벗고 모카신(부드러운 가죽으로 만든 납작한 신. 원래 북미 원주민들이 신던 신의 형태)으로 갈아 신는다. 머리에 깃털을 단다.

이제 모든 사람들이 문 앞으로 조용히 줄을 선다. 당신은 슬그머니 빠져나와 부둣가로 은밀히 들어간다. 당신은 해안에 경비가 사라지는 때를 알리기 위해 친구들에게 수신호를 앞뒤로 보낸다. 점점 더 가까이 다가가자 보스턴 항구의 짠맛이 나는 바닷물 냄새가 난다. 배들이 부두 정박지에서 삐꺽거리는 소리가 들린다. 당신은 차가 실려 있는 배를 본다. 그리고 몸을 웅크리고 그림자 속으로 숨어 배에 올라 타라는 신호를 기다린다.

신호가 오자, 매우 조용하게, 균형을 잡으면서, 당신은 좁은 건널 판자(배와 육지 사이에 다리처럼 걸쳐 놓은 판자)로 기어올라 배에 탄다. 배에 오르자마자, 당신은 차로 가득 찬 커다란 상자들을 발견한다. 당신은 친구들에게 함께 동참하도록 손을 흔들어 부른다. 최대한 소리 내지 않고, 상자를 뜯는다. 상자를 열자 강한 차 냄새가 난다. 당신은 상자를 들어 올려 차 묶음을 풀어 항구 바다로 던져 넣는다. 모든 상자가 빌 때까지 단 몇 분 동안 온 힘을 다해 던져 넣는다.

마침내 차를 모두 물에 던져 넣었다. 후퇴 신호를 보낸다. 균형을 잡으면서 건널 판자를 타고 기어내려 온다. 부둣가에 도착하자, 당신은 항만 바다에 이리저리 떠돌아다니는 차 모두를 지켜본다. 소리 없는 하이파이브(스포츠 등에서 승리의 몸짓으로 두 사람이 손바닥을 들어 올려 마주치는 행동)를 친구들과 나눈다. 그리고 나서 이전과 같이 조용한 거리를 지나 집으로 돌아온다. 당신은 창가에 올라 앉는다. 가장 좋은 친구들에게 밤 인사를 하면서 손을 흔든다. 그리고 조용히 셔터를 닫는다.

당신은 머리에 꽂혀 있는 깃털을 떼어내고, 침대에 누워 지난 몇 시간을 생각한다. 얼마나 위대한 모험이었는가! 내일 해가 뜨면, 당신은 부츠를 가지러 또 친구들과 이야기하기 위해 회당으로 돌아갈 것이다. 그러나 교회 첨탑이 두 시를 알리는 종을 치는 지금은 천천히 깊은 잠으로 빠져든다.

시공간지능 활동

위의 무언극 이야기 전후에 제시되는 시공간적 학습활동 과제는 식민지 주민들이 차 사건을 일으키기 위해 집에서 부두까지 갔던 길의 지도를 그리도록 하는 것이다. 보스턴을 통과하는 지도에는 도로 지명이 있을 것이며, 학생들이 지도상에서 서로 따라 지킬 수 있는 안내를 함으로써 공간 관계를 익히는 활동이 될 수 있다. 예를 들어, "만약 네가 렉싱턴 사거리 A에서 출발하여, 두 블록 남쪽으로 그리고 한 블록 서쪽으로 여행하면 어디에 도착하겠는가?"

학생들에게는 지도를 그리고, 질문을 만들고, 질문에 대한 정확한 답을 점검해야 할 책임이 있다. 이 활동은 소그룹으로 하거나 짝지어 할 수 있다. 작은 척도의 예는 다음과 같다.

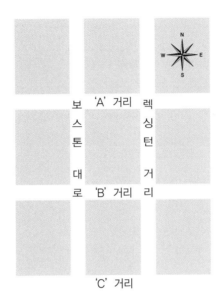

음악지능 활동

다음은 'Yankee Doodle' 곡조에 맞추어 부르는 노래이다. 대부분의 학생들이 이미 멜로디를 알고 있기 때문에 모든 학생들이 쉽게 부를 수 있는 노래이다. 리듬 막대, 탬버린, 트라이앵글 등은 좋은 반주를 제공한다. 교사는 학생들에게 이 노래 가사를 복사하여 나누어주거나 OHP 또는 파워포인트 자료로 보여줄 수 있다. (또는 우리나라 '광복절 노래'를 활용할 수 있다.)

The Boston Tea Party

The War of Independence changed
the course of history.
Instead of kings, now people ruled
with democracy.

The colonies revolted and fought

England in the war.
They persevered and formed a nation,
free forevermore.

It started off one night in Boston,
Men crept on a boat.
They dumped the tea into the bay
And then they watched it float.

The colonies revolted and fought
England in the war.
They persevered and formed a nation,
free forevermore.

Dressed as Indians,
no one knew them
hidden in disguise.
They crept back home triumphantly
with freedom in their eyes.

The colonies revolted and ought
England in the war.
They persevered and formed a nation,
free forevermore.

대인관계지능 활동

학생들은 네 명에서 다섯 명씩 그룹을 지어 공부한다. 교사는 각 그룹에게 아래 카드나 교사가 만든 유사한 것을 복사하여 나누어 준다.

여러분 그룹은 보스턴 차 사건을 계획하는 책임을 맡는다. 원래 계획한 사람들과 다르게, 여러분은 차를 버리지 않고 배에서 제거하는 방법을 구안해 내야한다. 다음은 여러분이 직면하게 될 몇 가지 도전이다.

1. 영국 수비대가 주변에 있으니 여러분은 조용히 해야 한다.

2. 건널 판자는 한 번에 단 한 명의 무게만을 지탱할 수 있다. 만약 짐을 지

고 나른다면 건널 판자는 끊어지고 만다.

3. 차는 상자에 담겨 있고, 한 상자의 무게는 200파운드(90.6kg) 정도이다.

4. 보트의 측면은 부두에서 20피트(약 6.1m) 높이에 있다.

교사는 각 그룹의 구성원들에게 각자의 역할을 부여한다. 한 사람은 기록자이다. 기록자가 하는 일은 그룹이 결정한 것을 적는 것이다. 각 그룹의 전략은 반드시 기록되어야 하며, 이에 대해 그룹 구성원들이 서명을 하여 제출하여야 한다. 다음 사람은 삽화가이다. 삽화가는 그룹이 차를 제거하는 계획에 대해 그림이나 다이어그램을 그리는 일을 한다. 이 자료 또한 제출되어야 한다. 다음 사람은 촉매자이다. 촉매자는 그룹이 과제에 열중하고 있는지와 모든 구성원들이 계획에 참여하고 있는지를 확인하는 일을 한다. 다음 사람은 대변인이다. 대변인은 노트를 보지 않고 그룹의 생각을 반 학생들에게 발표를 한다. 다음 사람은 시간을 관리하는 사람이다. 이 사람은 그룹의 작업이 30분 이내에 끝마쳐질 수 있도록 하는 책임을 진다.

역할을 부여하기 위해서는 먼저 그룹 내에서 번호를 정한다―모든 1번은 기록자가 되고, 모든 2번은 삽화가가 되며, 등등. 또는 각 그룹 내에서 스스로 역할을 정할 수 있다. 만약 30분이 부족하면 여분의 시간을 활용할 수 있다. 일찍 마친 그룹에서는 대변인이 발표를 잘 할 수 있도록 연습하는 데 도움을 주거나, 삽화에 색칠을 하거나, 자신들의 계획을 타이핑할 수 있다.

자기이해지능 활동

일부 식민지 주민들은 영국에 대항해 반란을 일으키는 것에 혼란을 느낄 수도 있다. 그들 중 많은 사람들이 영국으로부터 이주해 왔고, 영국이 보스턴 차 사건이 일어나기 전 대부분의 식민지를 100년 이상 지배해 왔기 때문이다. 식민지 주민들은 갑작스럽게 고국인 영국과 왕에게 충성을 하거나 아니면 자유와 독립을 선택해야 한다. 여기서는 식민지 주민들이 검토해야 할 가치의 일부 이상적인 아이디어 목록을 제시한다.

충성	투지
우정	자유
신뢰	관용
용기	정의

인내	성실
친절	근엄
용서	순결
평화	책임

의심할 여지 없이, 많은 식민지 주민들은 영국에 대한 충성을 선택해야 할지 아니면 자유를 추구해야 할지에 대해 분명하지 않았다. 학생들은 자신들을 식민지 주민이라고 가정하고, 친구들과 심지어는 가족까지도 여전히 영국에 충성을 다하고 있는 데, 반란을 선택해야 할지 아니면 말아야 할지에 대해서 간략하게 발표한다.

자연탐구지능 활동

보스턴 차 사건에서 한몫을 했으나 거의 언급되지 않은 한 가지 요인은 보스턴 항구의 조류이다. 밀물이 되면 배들은 포구나 해안에서 보이는 것보다 높게 올라간다. 이것은 영국 경비병에 대한 식민지 주민들의 시계(視界)에 영향을 미친다. 학생들로 하여금 다양한 물의 높이(약 3m 60cm 차이)를 정하는 조류 표를 만들도록 한다. 조류 표는 인터넷에서 [검색어에 '조류 표(tide tables)'와 '보스턴 항구(boston Harbor)'를 입력하면] 찾아볼 수 있으며, 또는 매사추세츠(미국 동북부 대서양 연안의 주) 해양무역협의회를 통해 구해볼 수 있다.

복사하여 나누어준 월간 조류 표를 참고하여, 학생들은 그 달의 어느 날에 만조가 되는지, 어느 날에 간조가 되는지, 어느 날 만조와 간조의 차이가 가장 큰지, 또는 어느 날 해안에 가는 것이 가장 좋은지 등을 결정한다. 일부 웹사이트에 가보면 조류 차트를 그래프로 나타낸 것이 있다. 이 그래프는 매일 조류가 올라가고 내려가는 것을 나타내기 때문에 쉽게 읽을 수 있다.

평가

학생들이 만든 연대표를 활용하여, 보스턴 차 사건의 전말을 이해했는지를 평가한다.

제16과: 내틀리 배빗(Natalie Babbitt)의 『맛을 찾아서』

교과 영역: 사회

주 교육과정 목표: 문학에서의 갈등 해결

가르칠 원리: 사람들은 종종 자신의 방법이 유일한 해결책이라고 가정한다.

단원: 소설

학년 수준: 3~6학년

필요한 자료: 두 권 이상의 책; 낡은 옷, 어깨 망토(여성복의 케이프); 스카프, 포대 자루 등이 들어 있는 상자; 배경 세트용 큰 상자들; 책의 내용을 시각적으로 활용할 수 있는 차트; 수학 지능 활동과 대인관계지능 활동을 위한 유인물; 12~24인치 판자; (머리가 둥근) 고리 모양의 나사; 낚싯줄(또는 전선이나 낡은 기타 줄)

언어지능 활동

내틀리 배빗(Natalie Babbitt)의 책 『맛을 찾아서(In Search of Delicious)』[5]는 중학년 학생들을 가르치는 데 매우 적절한 책이다. 이 책은 어린 소년 게일른(Gaylen)이 사람들이 가장 맛있는 음식을 손꼽을 때 무엇을 고려하는지를 알아내기 위해 자기 나라를 여행한다. 그는 여행하는 과정에서 많은 흥미로운 사람들과 상황을 접하게 된다. 이 이야기는 대인관계에서 직면하는 갈등과 그것을 해결하는 방법을 중심으로 전개된다.

언어지능 활동을 위해서는 이 책을 세트로 구입하여 학급의 모든 학생들이 읽게 한다. 이것이 여의치 않으면 교사가 소리 내어 읽어줄 수도 있다. 글을 읽지 못하거나 읽는 데 어려움이 있는 학생들을 위해서는 책을 녹음하여 들려주거나, 학급 도우미를 지정하여 이들을 도와줄 수 있도록 한다.

추가적인 언어지능 활동으로 이 책에 등장하는 관심 있는 사람들을 하나 선택하여 그 사람의 특성을 간략하게 쓰도록 한다. 이 책에 등장하는 인물들로 선택할 수 있는 이들은 다음과 같다.

수상(The Prime Minister)	왕(The King)	왕비(The Queen)
게일른(Gaylen)	헴록(Hemlock)	장군(The General)
시장(The Mayor)	아디스(Ardis)	캅스 부인(Mrs. Copse)
울드웰러(The Woldweller)	핏새프트(Pitshaft)	메들리(Medley)
민스트럴(The Minstrel)		

---

5) Natalie Babbitt의 대표작인 『맛을 찾아서(The Search for Delicious)』.

한 왕국의 수상이 사전을 집대성하는 중에 '가장 맛있는'을 정의하는 데 있어서 어려움을 겪는다. 궁정에 있는 사람들마다 '가장 맛있는'에 대해 다른 생각을 갖고 있었기 때문이다. 이를 해결하기 위해 왕은 게일른(Gaylen)이라는 12세의 왕의 사자를 전국에 보내 여론 조사를 하게 한다. 게일른이 전국을 돌아다니면서 여러 사람들과 여러 상황들을 만나면서 겪는 일들이 흥미진진하게 묘사되어 있다.

학생들을 위한 안내에는 칠판에 적힌 등장인물 목록에서 한 사람을 택하여 한 쪽 내지 두 쪽 분량의 특성을 기술하도록 한다. 글을 쓸 때에는 선택한 등장인물이 누구인지, 어디에 사는지, 언제 이야기에 등장하는지, 왜 이 이야기에서 중요한 역할을 하는지, 왜 이 등장인물을 선택했는지 등에 대해 설명하도록 한다.

논리수학지능 활동

다음 목록은 교사들이 선택할 수 있는 논리수학지능 학습활동이다.

1. 퍼센트 구하기: 학생들은 학급 학생들이 가장 좋아하는 초콜릿 캔디가 무엇인지에 대해 설문을 실시하고, 선택된 각각의 캔디에 대한 퍼센트를 계산한다.

2. 그래프 그리기: 위 1번 활동에서 얻은 퍼센트를 활용하여 막대그래프, 선그래프, 또는 파이 차트 등을 그리는 활동을 한다. (이 활동에서 쉽게 활용할 수 있는 컴퓨터 프로그램들이 있다.)

3. 측정하기: 학생들은 게일른이 한 장소에서 다른 장소로 여행한 거리를 측정한다. 이를 위한 보기 문제들을 일부 제시한다.

4. 문장제 문제: 다음의 문장제 문제를 참고한다.

『맛을 찾아서』를 위한 수학 문제

1. 게일른은 성에서 첫 번째 마을까지 27마일을 여행했고, 이 마을에서 숲에 이르기까지 18마일을 여행했으며, 사과 농장까지 11마일을 여행했고, 밀 듀 농장까지 29마일을 여행했으며, 다시 사과 농장으로 돌아왔다. 게일른은 얼마나 멀리 여행했는가?

    _____

2. 게일른은 오후 1시에 난쟁이 동굴을 떠나 3시간 30분을 여행했다. 점심을 먹으며 45분 쉬었으며, 세 번째 마을을 향해 2시간 20분을 여행했다. 게일른이 세 번째 마을에 도착한 시간은 몇 시인가?

    _____

3. 게일른은 성에서 호수로 여행을 했다. 그리고 호수에서 바람의 마을까지 15차례나 여행했다. 호수와 바람의 마을 사이의 거리는 24마일이다. 게일른은 얼마나 멀리 여행했는가?

4. 만약 성에서 호수까지의 총 여행 거리가 114마일이고, 캅스 부인 집에서 호수까지 직선거리로 걸었을 때 47마일을 단축할 수 있다면, 지름길을 택하면 거리는 얼마인가?

5. 만약, 게일른이 동쪽으로 성에서 호수까지 114마일을 여행하고, 수상은 서쪽으로 성에서 호수로 66마일을 여행했다면, 왕궁을 빙 둘러 마친 여행의 길이는 얼마인가?

6. 만약 헴록이 4월 7일 화요일에 성을 떠났고, 게일른은 4월 9일 토요일에 떠났으며, 헴록은 4월 19일 화요일에 둘째 마을에 도착했으나, 게일른은 5일이 더 걸렸다면, 게일른은 언제 도착하겠는가?

7. 만약 게일른이 성으로부터 76마일 떨어진 캅스 부인 집에서 함께 지내기로 정하고 수상 관저를 1년에 4차례 방문하기를 원한다면, 3년 동안에 얼마나 멀리 왕복 여행하게 되는가?

신체운동지능 활동

이 책은 자연스럽게 그 자체로 무대 상연용으로 제작된 것이다. 교실의 학생들 각각이 역할을 맡을 수 있을 만큼 수많은 등장인물들이 나온다. 성, 도시, 숲속, 동굴, 호수와 같은 다섯 개의 중심 장면이 나온다. 의상은 최소화하거나 상상하여 화려하게 장식할 수 있다.

대본은 교사나 학급 학생 전체 또는 각 장면에 등장하는 소그룹별로 쓸 수 있다. 대본을 쓰는 좋은 기법 중의 하나는 학생들로 하여금 연극의 각 장면에 따라 역할을 해보도록 하고, 이 때 이들의 즉흥적인 대화로 대본을 쓰도록 하는 것이다.

만약 전체 상연이 실용적이지 못하다면, 개별 장면에 대한 소그룹 공연을 함으로써 재미를 더할 수 있다. 네 개에서 여섯 개의 소그룹으로 활동함으로써 학생들은 이 책의 주요 사건에 대해 보다 쉽게 연기할 수 있을 것이다. 다음은 각 장면을 위한 몇 가지 제안이다.

- 왕, 왕비, 헴록, 그리고 다른 사람들 사이의 처음 논쟁
- 메들리 시장과 게일른이 있는 처음 도시
- 숲속나라 사람들(woldweller)[6] 장면(대여섯 명의 학생들이 숲속나라 사람들 역할을 할 수 있음)
- 사과 농장 장면 (재갈과 애호박이 포함됨)
- 흰곰팡이 농장
- 난쟁이 굴
- 호숫가에 있는 아디스와 게일른
- 호숫가의 헴록 장면
- 호숫가에서의 마지막 장면 (신문지로 채워진 종이 봉투가 댐을 쌓기 위한 바위를 만드는 데 좋은 자료가 된다.)

시공간지능 활동

만약 학생들이 책에 있는 내용을 드라마 장면으로 만들려고 한다면, 세트를 그림으로 그리고 페인트칠을 함으로써 시각 활동에 도전할 수 있도록 한다. 학생들을 위한 또 다른 시공간 활동은 왕궁과 게일른의 여행 일정에 대한 커다란 그림 이야기 차트를 만드는 것이다. 이 책은 하나의 모형으로 활용할 수 있도록 설명된 지도를 제시하고 있다. 이야기가 전개되는 동안 단순히 이 지도를 따라가는 것은 공간적 추리 기술을 익히는 좋은 활동이다.

음악지능 활동

『맛을 찾아서(In Search of Delicious)』 책의 59쪽에서는 음유시인이 게일른에게 하프를 연주하면서 노래를 불러준다. 음악 활동의 하나로서 학생들은 자신의 현악기를 만들 수 있다. 간단한 자료로는 나무토막, 나사못, 낚싯줄, 철사, 또는 헌 기타줄 등이 있다. 공기 울림 장치로는 담배 상자나 유사한 용기 등을 즉흥적으로 활용할 수 있다. 만들어진 악기는 음유시인의 노래나 학생들의 노래를 연주할 때 활용할 수 있다. 이와 더불어, 실제로 현악기를 배우고 있는 학생들은 자신의 악기를 교실로 가져와 음의 체계를 설명하거나 어떻게 다른 음을 연주하는지에

---

6) 책에 등장하는 전설 속의 주인공들로서 숲 속의 나무에서 900년이나 살았다고 함.

대해 설명할 수 있다.

현악기를 만들기 위해서는 먼저 나무나 판자의 양쪽 끝에 두 나사못을 반쯤 박아 고정시킨다. 양쪽 나사못에다 철사 줄을 가능하면 최대한 단단하게 묶는다. 나사못을 꽉 조이면서 소리를 조정한다. 길이가 다른 철사 줄을 활용하여 다양한 음을 만들 수 있으며, 철사 줄을 단단히 조임으로써 가장 적절한 음을 창출할 수 있다. 철사 줄 밑에 목욕통, 양동이, 상자 등을 대면 소리가 울리게 하는 데 도움이 된다.

대인관계지능 활동

배빗(Babbitt)의 책은 대인관계 갈등에 대한 수많은 사례를 보여준다. 이야기에 나오는 갈등을 찾아내는 것은 학생들로 하여금 자신의 생각을 반영하고 갈등을 해결하거나 관리할 수 있는 방법을 배울 수 있는 좋은 기회를 제공한다. 모두 다르게 다루어질 수 있는 성곽 장면, 도시 장면, 농촌 장면, 더 나아가 호수 장면 등은 기꺼이 협상할 수 있는 특성을 지녔으며, 모두가 만족하는(win-win) 결과를 창출할 수 있다.

갈등 해결의 한 모형이 아래에 소개되어 있다. 그러나 일부 교실에서는 학생 자신들의 전략을 개발하고, 일련의 협상 절차를 문서로 창출해내고, 그것을 교실에서 일어나는 갈등을 해결하는 데 활용하는 것을 더 좋아한다.

갈등 해결

갈등 해결에 대한 많은 접근법이 있지만, 대부분은 다음 요소를 포함하고 있다.

1. 문제가 무엇인지 정확하게 정의한다. 문제를 정의할 때는 (비난의 대상으로) '너' 라는 진술을 피하고, 대신 '나' 라는 진술을 사용하는 것이 중요하다.

2. 갈등을 해결하기 위한 가능한 방안을 강구하고 목록을 작성한다.

3. 가장 좋은 방안을 선택한다.

4. 실천 계획을 수립한다.

5. 실천 계획을 시행한다.

6. 해결책이 제대로 작동하는지에 대해 검토하고, 필요하면 수정안을 만든다.

학생들이 갈등 해결 과정을 처음으로 배울 때는 교사가 큰 그룹으로 활동하는 것보다 작은 그룹으로 활동하는 것이 더 효과적임을 제안해야 한다. 학생들을 소그룹으로 편성한 후에 교사는 갈등 해결 단계를 확인하고, 나중에 학생들이 활용할 수 있는 여섯 단계로 구성된 차트를 제시한다. 교사는 여러 개의 갈등 상황을 제시하고 학생들로 하여금 각각의 갈등을 해결해 보도록 한다. 학생들이 갈등 해결의 단계에 익숙해지면, 학생들은 실제로 학급에서 일어나는 여러 문제들을 정의하여 이들을 해결하기 위한 시도를 한다.

자기이해지능 활동

『맛을 찾아서(In Search of Delicious)』는 학생들의 개인적인 여행, 즉 이미 다녀온 소풍, 해보았던 개인적인 모험, 또는 성장하면서 겪었던 개인적인 경험을 위해 흥미로운 비유를 제공한다. 학생들은 그러한 여행에 대해 글을 쓰되, 그들 삶에 대해 이야기 형식으로 쓰거나 어떤 한 사태 또는 중요한 사건을 중심으로 쓸 수 있다. 또한 학생들은 자신이 탐구한 것에 대해 소설적인 기사를 쓸 수 있으며, 이때는 자신들이 핵심 등장인물이어야 한다. 여행은 『맛을 찾아서』 책에 나오는 것과 유사한 유형으로 기술될 수 있다. 교사(또는 교사와 학생 모두)는 글의 양, 마감 기간, 작문 기준 등을 결정하여 준다.

자연탐구지능 활동

『맛을 찾아서』에서 본게일른(Vaungaylen)의 여행은 숲을 지나고, 초원을 지나며, 암석 광산을 지나고, 산맥을 넘으며, 냇물을 건넌다. 자연탐구자의 학습활동으로는 학생들이 왕국의 지도를 만드는데, 여기에 그림으로 나타낼 수 있는 다양한 생태계를 그려 넣는다. 예를 들어, 성곽은 그림 지도의 중앙에 위치시키고, 게일른의 여행은 책에 나타난 다양한 자연 환경을 지나가는 흔적이 된다. 학생들은 왕국의 어느 지역에 식물과 동물이 살아야 하는지, 지방에 따라 기후가 어떻게 다양한지, 그들이 살고 싶은 곳은 어디인지를 정하도록 한다.

이 활동은 전체 학급활동으로 하거나, 소그룹 또는 학생 개별적으로 시킬 수 있다. 이 활동은 다양한 환경을 탐구할 뿐만 아니라 지도 만들기의 복잡성에 대해 생각하도록 하는 좋은 방법이 된다.

평가

이 책에서 수상이 용어사전을 만드는 것처럼, 학생들은 평가를 위한 개인적인 용어사전을 만들 수 있다. 알파벳 각 글자를 위한 한 낱말(또는 두 낱말 이상)이 책의 구성을 결정할 것이다. 갈등을 해결하기 위한 방법이나 이야기 자체에 대한 생각과 같이 학급 전체가 모든 학생들의 사전을 위해 일반적인 주제를 선택할 수 있다. 또는 학생들이 자신의 주제를 선택할 수 있다.

제17과: 모양과 변형 – 원기둥의 부피에 관한 수업

교과 영역: 수학

주 교육과정 목표: 원기둥의 부피

가르칠 원리: 반지름이 증가하면 부피도 증가한다.

단원: 기하학적 입체

학년 수준: 2~9학년

필요한 자료: 8.5×11인치(A4 용지 크기) 종이; 대여섯 개의 시리얼 박스; 계산기; 자; 테이프; 작은 크기의 마시멜로, 모래, 또는 원기둥에 부어 넣을 수 있는 여러 종류의 물질

필자는 본 수업에 대해 약간 다르게 접근한다. 개별화수업을 위해서 다중지능을 이용하지만, 보다 적게 구조화하고 보다 많게 선택권을 부여한다. 즉, 학생들은 문제 해결을 위해 자신이 선호하는 지능을 선택한다.

준비

교사는 학생들에게 모양과 형태가 변하면 그에 따른 모양이 어떻게 되는지에 대해 배울 것이라는 것을 설명한다. (학생들에게 오늘 '원기둥'이라는 모양에 대해 배울 것이라는 것을 안내한다. 학생들 가운데 원기둥에 대해 아는 것이 있는지 질문한다. 학생들로부터 여러 가지 생각을 모아본다.)

그런 후에, 교사는 학생들이 소그룹별로 공부할 것이라고 알리고, 4명에서 6명 정도의 소그룹들로 반 전체를 나눈다. 각 소그룹별로 기록자를 선출한다. (또는 교사가 기록자를 지정한다.) 기록자는 다음과 같은 두 질문을 기록한다.

1. 어떻게 문제를 해결할 것인가?

2. 어떻게 확인할 것인가?

교사는 기록자의 역할이 자기 소그룹 구성원들이 공부하면서 위의 두 질문에 어떻게 반응하는지를 관찰하고, 그것을 노트에 적는 것이라는 것을 알려주어야 한다.

교사는 모든 학생들에게 종이 한 장씩을 나누어 주고, 받아든 종이를 짧은 방향으로 말아서 원기둥을 만들라고 요구한다. 학생들은 종이 끝이 가장 작게 겹치도록 하고, 테두리가 모두 정확하게 들어맞도록 한다. 그렇게 해야 모든 학생들이 같은 크기와 같은 모양의 원기둥을 만들 수 있다. 학생들로 하여금 자신이 만든 원기둥을 자세히 관찰해 보도록 한다. 안팎을 잘 살펴보고, 안쪽으로 손을 넣어보기도 하고, 원기둥을 가지고 이야기도 해보도록 함으로써 원기둥에 대해 잘 알 수 있도록 한다.

교사는 다시 원기둥을 풀도록 하고, "이제 우리는 모양을 바꾸어 새로운 원기둥을 만들도록 하겠습니다."라고 말한다. 이번에는 종이의 긴 쪽을 중심으로 원기둥을 만들도록 한다. 여기서도 마찬가지로 모든 학생들이 같은 크기와 같은 모양의 원기둥을 만들 수 있도록, 종이 끝이 서로 가장 작게 겹치도록 하고, 테두리가 모두 정확하게 들어맞도록 한다. 또, 학생들로 하여금 자신이 만든 새로운 원기둥을 자세히 관찰하도록 한다.

마지막으로 학생들에게 원기둥을 풀도록 요구하고 난 후, 교사는 "두 원기둥 중에서 어떤 원기둥이 더 많은 것들을 담을 수 있을까요? 짧은 원기둥일까요, 아니면, 긴 원기둥일까요?"라고 질문한다. 교사는 학생들에게 질문의 해답을 찾기 위해 어떤 방법이라도 활용할 수 있음을 알린다. 시리얼 상자에 들어 있는 시리얼이나, 계산기, 자, 학급 내 컴퓨터, 그 외 모든 활용 가능한 자료들을 사용할 수 있음을 알린다. 기록자는 이때부터 학생들의 학습활동 모습을 관찰하여 기록한다.

질문에 대한 답을 알아내는 데 약 10분을 줄 수 있다. (필자는 대개 수학적 접근을 시도하는 학생들이나 질문을 하는 학생들을 위해 원기둥의 양을 구하는 공식($V= \pi \times r^2 \times h$)을 칠판에 적어 둔다. 교사는 쾌간 지도를 하면서 테이프를 필요로 하는 학생들에게는 테이프를 제공한다. (떨어지지 않도록 붙이기 위함.) 교사는 학생들이 질문의 답을 스스로 찾는 노력을 하는 동안에는 답을 말하여 주는 것을 자제하여야 한다.

약 10분이 지나면, 학생들은 공부를 정리하고, 기록자는 전체 학생들에게 자신의 소그룹이 어떻게 두 질문(어떻게 자신의 소그룹 학생들이 문제를 해결했는가? 어떻게 자신들의 해답을 확인했는가?)에 답했는지를 보고한다. 기록자들의 보고가 끝나면, 교사는 기록자들이 적용한 전략에 대해 관찰은 했지만 보고를 하지 않았던 것들에 대해서 부연 설명을 한다. 예를 들어, 누군가가 공식에 대해 질문한 적이 있습니까, 다른 소그룹이 어떻게 하는지를 관찰하기 위해 자신의 소그룹에서 움직인 적이 있습니까, 그림으로 그려서 문제를 해결해 보려고 한 사람이 있습니까 등이다. 교사는 학생들이 문제를 해결하기 위해 어떤 방법이라도 총동원해도 좋다는 것을 재상기시켜 준다. 이렇게 함으로써 학생들이 문제를 해결하기 위해 여러 지능들을 전부 활용했다는 것이 확실해질 수 있다. 기록자들이 발표를 하고 나면, 교사는 더 나아가 어떤 지능을 활용했는지 물어볼 수도 있다.

다음은 필자의 학생들에게 주어진 문제의 반직관적인 결과에 대해 실제로 이해했는지를 평가하기 위한 과제로, '나의 음료수 고르기' 라고 한다.

오른쪽 사진은 '피자즈' 라는 새로운 종류의 음료수가 들어 있는 크기가 다른 두 용기이다. 음료회사에서는 아동들로 하여금 어떤 용기가 가장 좋은지 선택하도록 하고자 한다. 소비자의 한 사람으로서, 어떤 용기가 더 많은 음료를 담을 수 있는지, 그리고 왜 그러한지를 설명하시오.

다음은 '나의 음료수 고르기' 과제를 평가하기 위해서 필자와 필자의 학생들이 함께 만든 평가 기준표이다. 학생들의 용기 선택뿐만 아니라 그들의 설명도 평가되어야 한다. 개별화수업을 하는 교실에서는 학생들의 생각이 다양하고, 또한 다양한 방법으로 배우기 때문에 다양한 기능을 평가하는 것이 좋다. 점수는 각 학생의 노력이 어떤 평가 기준에 가장 잘 기술되었는지에 기초하여 주어진다.

	1점	2점	3점	4점
용기 선정	모양과 변형 관계에 대한 이해가 전혀 나타나지 않은 선택.	모양과 변형 관계에 대한 이해가 적게 나타난 선택.	모양과 변형 관계에 대한 이해가 일부 명확한 선택.	모양과 변형 관계에 대한 이해가 확실하게 나타난 선택.
이유 설명	설명이 조직화되지 못하고 매우 비논리적임.	설명이 약간 조직화되지 못하고 비논리적임.	설명이 일부 명확하고 논리성이 있음.	설명이 명확하고, 간결하며, 매우 논리적임.

부연설명이지만, 정확한 답은 짧은 원기둥이 긴 원기둥에 비해 약 25%정도 더 많이 담을 수 있다. 직관적으로는 둘 다 똑같은 표면적을 가졌으므로 용량도 같은 것으로 보인다. 하지만, 두 원기둥은 윗면과 아랫면이 표면적이 되고 표면

적이 다르므로 확실하게 다른 용량이다. 부피 공식은 수학적 설명을 제공해준다. 즉, 높이가 증가하면 부피도 증가하다. 그러나 반지름이 증가하면 부피는 기하급수적으로 증가한다. 필자는 이와 같은 학습활동을 4학년과 5학년을 대상으로 실시하였으나, 2학년과 3학년 학생들도 좋아했다.

제18과: 다중지능 알파벳

교과 영역: 언어 예술
주 교육과정 목표: 철자 인식 및 발음 공부
가르칠 원리: 철자는 소리를 만들고, 소리는 낱말을 만든다.
학년 수준: 유치원
필요한 자료: 이야기책과 자연에 관한 책, 그림, 과자 제조용 밑판, 자석 글자 등이 들어 있는 상자

언어지능 활동

학생들은 우드(Audrey Wood)가 지은 『알파벳 신화 이야기(Alphabet Mystery)』 또는 『알파벳 모험(Alphabet Adventure)』과 같은 알파벳 관련 책을 읽는다.

논리수학지능 활동

학생들은 각 알파벳 글자가 가진 줄의 수를 센다.

신체운동지능 활동

학생들은 과자 제조용 밑판 위에 자석 글자를 대고 자기 이름 철자를 쓰고 소리 내어 읽는다.

시공간지능 활동

학생들이 모두 함께 26개의 철자가 쓰여 있는 작은 상자를 만들어 장식한다. 그리고 각 상자에 해당하는 철자로 시작하는 물체의 그림을 붙인다. [예: A 상자에는 개미(ants)나 사과(apples) 그림을 붙인다.]

음악지능 활동

학생들은 각 철자를 가리키면서 또는 손가락으로 각 철자를 만들어 보이면서 알파벳 노래를 부른다.

대인관계지능 활동

학생들은 짝을 이루어 과자 제조용 밑판과 자석 글자를 가지고 교사가 칠판이나 책상 위 카드에 써놓은 단어들을 만들어 보면서 학습 활동을 하거나 서로 순서를 바꾸어가며 공부한다. 만약 어떤 학생이 도움을 요청하면 짝이 도와준다.

자기이해지능 활동

학생들은 자신이 가장 좋아하는 철자를 세 개 고른 후, 그림을 그리고 소리 내어 읽게 한다.

자연탐구지능 활동

학생들은 동물, 곤충, 식물, 나무의 이름에 들어 있는 철자들을 찾아낸다.

평가

교사는 자기이해지능 활동에 관한 학생들의 노력을 평가한다. 얼마나 많은 단어를 만들었는가? 철자는 정확한가?

제19과: 에드거 알렌 포우(Edgar Allan Poe)에 관한 다중지능 문학 수업

교과 영역: 언어 예술

주 교육과정 목표: 예술 장르에 대해 읽고, 분석하고, 반응하기

가르칠 원리: 소설의 요소를 요약하고, 글 속에 담긴 정서를 찾아내며, 유사한 정서를 불러일으키는 글 쓰기

학년 수준: 7~9학년

필요한 자료: 『The Tell-Tale Heart』 단편소설

언어지능 활동

학생들은 세 사람이 한 조를 이루어, 『The Tell-Tale Heart』[7]을 읽고, 소설의 구성, 배경, 등장인물, 관점 등을 요약하도록 한다. 그 후에, 소설 속 포우가 묘사한 내용에 대해 토론하도록 한다.

논리수학지능 활동

세 사람이 한 조를 이룬 학생들은 이야기 구성에 대한 연대표를 만들고 등장인물의 견해가 어떻게 드러나는지 연대표와 연계시킨다.

신체운동지능 활동

세 사람의 한 조가 소설의 한 부분을 선택하여 시연하도록 한다.

시공간지능 활동

세 사람이 한 조를 이룬 그룹 내에서 각자가 실제적으로 또는 추상적으로 소설의 구성, 등장인물, 배경을 대변하는 시각 자료를 찾아내어 제작한다.

음악지능 활동

학생들은 이야기에 나타난 구체적인 장면을 증진시키기 위해 배경 음악 테이프를 준비한다.

대인관계지능 활동

세 사람이 한 조가 되어 무엇이 포우의 불길한 이야기에 영감을 주었는지 알아보고 포우의 생애와 등장인물에 대해 조사, 연구한다.

자기이해지능 활동

세 사람이 한 조가 되어 소설에서 공포, 정신이상, 외로움 등을 자아내는 사태들을 발견하도록 한다. 이러한 감정을 자아내거나 보여주는 서술문이나 극화한 것을 창작하도록 한다.

---

7) 우리나라에서는 『고자질하는 심장』으로 번역되었음.

자연탐구지능 활동

공포, 외로움, 고독 같은 감정을 자극하는 자연환경을 찾아낸다.

평가

소설의 요소와 포우의 소설에 대한 이해를 알아보는 시험을 보거나, 학생들의 작품을 평가하는 평가 기준표를 활용한다.

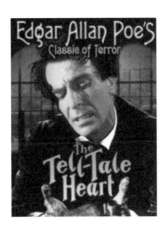

제20과: 다중지능 철자

교과 영역: 언어 예술

주 교육과정 목표: 학년 수준에 맞는 단어를 정확하게 쓸 수 있다.

가르칠 원리: 작문에 있어서 철자를 정확하게 쓰는 것은 중요하다.

학년 수준: 1~3학년

필요한 자료: 단어 목록, 종이, 색연필

언어지능 활동

2인 1조가 된 학생들은 주어진 단어들을 이용하여 이야기를 만든다. 자신이 만든 이야기를 짝에게 들려주되, 주어진 목록의 단어가 나오면 이야기를 중지하고 주어진 단어의 철자를 들려준다.

논리수학지능 활동

학생들은 단어 분류 기준을 만든다. 예를 들어 세 글자, 네 글자, 다섯 글자, 여섯 글자로 이루어진 단어들이나 한 개 이상의 모음이 들어 있는 단어들, 또는 짧은 것으로부터 긴 것에 이르는 단어의 목록 등이다.

신체운동지능 활동

학생들은 단어의 부분 중에서 자신들이 혼동할 수 있는 부분을 다른 색깔이나 다른 크기로 적는다.

시공간지능 활동

학생들은 자신들의 몸을 이용하여 단어를 적는다. 팔을 벌려 T를 표시하고, 팔을 위로 올려 Y를 표시하며, 둥그렇게 하여 U자를 표시하고, 이와 같이 다른 철자들도 만든다. 교사는 학생들이 몸을 이용하여 철자나 단어를 표현하는 춤을 출 수 있도록 배경 음악을 제공한다.

음악지능 활동

학생들은 가락에 맞추어 단어의 철자를 노래하거나 음율 패턴을 만든다. (예를 들어, color-bo-bolor-fee-fi-fo-folor—c-o-l-o-r; family-bo-bamily-fee-fi-fo-family—f-a-m-i-l-y; weather-fo-feather-fee-fi-fo-eather—w-e-a-t-h-e-r.)

대인관계지능 활동

학생들은 짝을 지어, 단어를 연습하기 위해 T-P-S 학습전략(혼자 생각하기-짝과 생각 나누기-전체 앞에서 발표하기)을 사용한다.

자기이해지능 활동

학생들은 철자 단어를 학습하기 위해 개인적인 목표를 설정하고 일정을 계획한다. 예를 들어, 월요일에는 다섯 개의 단어 학습을 목표로 하고, 화요일에는 여섯 개 등등.

자연탐구지능 활동

학생들은 나뭇가지, 키 큰 잔디, 꽃줄기, 또는 자연물을 이용하여 철자를 씀으로써 목표한 단어를 연습한다.

평가

학생들은 개별적으로 단어 시험을 본다.

다중지능을 접목한 개별화수업의 수업 계획안 양식

다중지능을 이용하여 자신만의 다중지능 수업을 계획하고 싶은 교사들을 위해 아래에 관련 양식을 제공한다. 이 양식은 여러 아이디어들을 손쉽게 활용할 수 있도록 확대된다. 이 양식을 여러 장 복사하여 수업 계획안 모음집 또는 묶어 책으로 만들어 활용할 수 있다. 한 가지 명심해야 할 것은 모든 수업마다 반드시 모든 지능을 다 포함해야 하는 것은 아니라는 점이다. 실제로 그렇게 하면 비효율적일 때도 있다. 그러나 중요한 것은 일련의 수업 계획을 통해 또는 일정 기간을 통해 학생들의 학습에 모든 지능들이 통합되어야 한다는 점이다.

단원명: ＿＿＿＿＿＿＿＿＿＿＿＿＿＿＿＿＿＿＿＿

주 교육과정 목표: ＿＿＿＿＿＿＿＿＿＿＿＿＿＿＿＿

학생들의 학습 목표: ＿＿＿＿＿＿＿＿＿＿＿＿＿＿＿

언어지능 활동: ＿＿＿＿＿＿＿＿＿＿＿＿＿＿＿＿＿＿

시공간지능 활동: ＿＿＿＿＿＿＿＿＿＿＿＿＿＿＿＿＿

논리수학지능 활동: ＿＿＿＿＿＿＿＿＿＿＿＿＿＿＿＿

음악지능 활동: ＿＿＿＿＿＿＿＿＿＿＿＿＿＿＿＿＿＿

신체운동지능 활동: ＿＿＿＿＿＿＿＿＿＿＿＿＿＿＿＿

대인관계지능 활동: ＿＿＿＿＿＿＿＿＿＿＿＿＿＿＿＿

자기이해지능 활동: ＿＿＿＿＿＿＿＿＿＿＿＿＿＿＿＿

자연탐구지능 활동: ＿＿＿＿＿＿＿＿＿＿＿＿＿＿＿＿

평가: ＿＿＿＿＿＿＿＿＿＿＿＿＿＿＿＿＿＿＿＿＿＿

학습자료: ＿＿＿＿＿＿＿＿＿＿＿＿＿＿＿＿＿＿＿＿

학습활동 순서: ＿＿＿＿＿＿＿＿＿＿＿＿＿＿＿＿＿＿

제6장

개별화수업
교실에서의 자기주도적
학습을 위한 학생들의 준비

다중지능 수업에 있어서 가장 큰 보상 중의 하나는 학생들이 자신의 독립 프로젝트들을 할 때 자신의 강점 영역으로 공부하는 학생들을 관찰하는 것이다. 많은 교사들이 가드너 이론을 교실에 적용하기 위한 시도를 할 때에 어려움에 빠지곤 한다. 이들은 다중지능을 날마다 강조해야 하는지 또는 학생들 각자의 강점을 교육해야 하는지에 대해 알고 싶어한다. 독립 프로젝트들을 통한 자기주도적 학습은 개별화수업을 하는 매우 효과적인 방법이기 때문에 필자는 이 두 가지 모두를 선택하여 실시한다.

필자는 한 주일에 보통 네 시간에서 다섯 시간 정도를 학생들의 프로젝트에 할애한다. 대부분의 프로젝트에서 학생들은 교육과정 주제를 심도 있게 추구한다. 이것이 필자로 하여금 주 교육과정 기준과 지역 교육청 교육과정 기준을 심도 있게 가르치는 데 도움을 주고, 더 나아가, 학생들이 자신들의 프로젝트를 선택할 때 종종 그들의 내면화된 지능 강점을 드러내 보이기도 한다. 프로젝트를 통하여 학생들은 자신이 선택한 학습 과제에 대해 어떻게 계획하고, 관리하며, 결론에 이르는지에 대해 배운다. 그런 까닭으로 인해 종종 학교에서는 자율적인 학습자 창출을 강조한다. 필자는 학생들의 자기주도적 학습 능력을 신장시키는 확실한 방법을 알게 된 것에 대해 행운으로 여긴다. 제6장에는 이러한 것을 성취하기 위한 전략들이 들어 있다.

제6장의 내용

❧ 독립 프로젝트를 조직하는 방법
❧ 자기주도적 학습을 위한 준비
❧ 프로젝트를 하기 위한 8 단계
❧ 가정학습의 개별화

독립 프로젝트의 조직 방법

다중지능을 접목한 개별화수업을 시작했을 때, 필자는 프로그램의 가장 중요한 부분이 다중지능 학습센터라고 생각했다. 학생들은 날마다 다양한 방법으로 내용과 기능에 대해 접근했다. 그러다가 해가 지나면서 독립 프로젝트도 학습센터 못지않게 가치 있다는 것을 알게 되었다. 프로젝트들은 학생들이 학습센터에서 배운 개념과 기능을 적용하여 더 개발할 수 있도록 해준다. 학생들은 학습센터 중심의 능동적 학습을 즐기면서도, 독립 프로젝트에 있어서는 보다 더 열심히 무엇인가를 추구한다. 학생들에게 학습을 어떻게 해야 하는지 안내하고 학습센터에서 배운 기능과 지식을 적용하는 방법을 가르쳐 주는 것이 바로 프로젝트이다.

학생들은 독립 프로젝트를 조직하기 위해 먼저 자신의 주제를 인지하고, 이어 3~4주 동안 탐색해보며, 계획, 준비, 그리고 배운 것을 발표하여야 한다. 필자는 매월 말 즈음 학생들의 발표를 위해 이삼 일 오후를 할애한다. 이 때의 발표에서 학생들은 읽고 기억하고 있는 것을 단순히 말하는 것이 아니다. 대신 학생들은 희극, 노래, 시, 이야기, 춤, 인터뷰, '게임 쇼', 차트, 포스터, 다이어그램, 그래프, 퍼즐, 해결해야 할 문제, 비디오테이프, 상호작용을 하는 그룹 활동들을 통해 자신들의 학습을 공유한다.

발표는 정보를 제공해주고 참여를 유도한다. 더욱 중요한 것은 학생들이 연구자가 되는 데 힘을 더해 준다는 것이다. 학생들은 자신들이 선택한 영역에서 전문성을 개발할 뿐만 아니라 강점 영역을 강화하는 가운데 의사소통 기술 또한 획득한다. 각 발표에 이어, 학급 학생들은 동료들의 연구와 발표에 대해 칭찬과 비판을 한다. 필자의 학생들은 건설적인 피드백을 주고받는 방법에 대해 학습을 한다.

모든 프로젝트 발표는 비디오로 녹화된다. 학년말 즈음에 학생들은 각자가 일 년 동안 발표한 것에 대한 비디오테이프나 CD를 받는다. 그 테이프는 일 년에 걸친 학생의 발달 정도를 보여주고, 일반적으로 연구 방법, 내용 지식, 의사소통 기술의 발전을 보여준다.

비록 필자는 학생들에게 프로젝트 주제를 스스로 결정하도록 하지만 때에 따라서는 어떤 주제들을 추구하는 것이 적절한지 정하는 데 학생들과 협력하며 도와준다. 주제를 정하는 데 있어서 필자가 적극적인 역할을 할 때면, 학생들에게 몇 가지 선택 사항들을 제안하여 그들이 선택하는 것을 배우게 한다. 이와 더불어, 학생들로 하여금 항상 그들이 배운 것을 학급 친구들이나 필자에게 보여줄 수 있는 방법을 정하도록 한다.

주제가 선택되면 학생들은 174쪽에 제시된 것과 같은 양식의 학습 계획서를 작성한다. 이 학습 계약서는 학생들이 프로젝트를 끝내기 위해 확인해야 하는 사항들을 단계별로 확인하도록 도와준다.

학생들이 태어날 때부터 자기주도적 학습자는 아니므로 이들이 독립적인 학습 기술을 발달시킬 수 있도록 도와주는 데 필요한 것은 많이 있다. 학년 초에 필자는 그들이 배울 것 중 하나가 독립 프로젝트를 수행하는 것임을 설명한다. 또한, 이러한 학습을 준비하기 위해 '간단한 준비운동'이 필요함을 말한다. 이 '간단한 준비운동'은 (1) 흥미로운 주제 고르기, (2) 정보 찾을 방법 확인하기, (3) 자신이 학습한 것을 증명할 수 있는 방법 정하기로 구성된다. 모든 학생들이 이 세 가지에 대해 토론하고, 또 다른 가능성에 대해 브레인스토밍을 한다.

자기주도적 학습을 위한 준비

1. **흥미로운 주제 고르기:** 학생들에게 배우고 있는 내용 영역 중에서 가장 알고 싶은 것이 무엇인지 물어보는 것이 중요하다. 몇몇 학생들은 처음에는 미처 그런 주제에 대해 생각지 못한 경우도 있지만, 대부분의 학생들은 흥미로운 주제에 대해 빨리 결정해 낸다. 가끔 학급 친구들의 아이디어를 듣는 것도 그들이 주제를 생각해내도록 하는 데 도움이 된다. 그러나 몇몇 학생들은 주제를 고르는 데 교사의 도움을 필요로 하고, 필자는 항상 그들에게 제안을 한다.

2. **정보를 찾을 곳과 찾는 방법 확인하기:** 많은 주제들이 매력이 있지만 필자는 학생들이 쉽게 조사할 수 있는 주제를 고를 것을 권한다. 또한, 필자는 학생들과 함께 정보를 얻을 수 있는 다른 방법에 대해 토론한다. 학생들은 인터넷, 책, 기관들이 발간한 문서, 잘 알고 있는 성인들과의 인터뷰, 교실에 초빙된 강연자, 신문, 영화나 TV프로그램, 원거리 통신과 소프트웨어, 관찰과 실험 등을 통해 정보를 얻는다. 학생들은 연구를 하는 과정이 흥미롭다는 것을 빠르게 배운다.

3. **각자 학습한 것을 증명할 수 있는 방법 결정하기:** 학생들은 배운 것을 학급 친구들에게 가르칠 책임이 있다. 필자는 학생들이 다양한 형태로 프로젝트 발표를 준비하도록 요구한다. 학습한 것에 대한 다양한 형태의 발표는 차트, 비디오테이프, 촌극, 노래, 토크쇼, 그림, 슬로건, 배너, 모델, 디오라마(diorama; 큰 장면의 축소 세트), 조각상, 편지, 통계, 수예, 의사소통, 발명, 초청 연설가, 비디오 등을 포함한다.

세 가지 준비에 대해 토론한 후에 필자는 프로젝트를 하기 위한 여덟 가지 단계에 대해 설명한다. 여덟 단계에 관한 복사물을 나눠주면 학생들은 그것들을 복습한다. 여덟 가지 단계는 주제 사례와 함께 설명된다.

프로젝트 수행을 위한 8 단계

1. **목표 세우기:** 착시가 어떻게 일어나는지 알고 싶다.

2. **목표를 질문 형태로 변환하기:** 착시는 무엇이며 사람들의 시선을 어떻게 속이는가?

3. **자신이 활용할 세 가지 정보 자원 열거하기:** 착시에 대한 도서관 책들, 안과 의사 또는 대학 교수들, M. C. Escher의 인쇄된 연구물, 미술 교사.

4. **목표를 성취하기 위해 사용할 단계 서술하기:** 도서관 사서에게 착시와 관련된 도서를 요청하기, 그러한 책을 읽기, 백과사전에서 착시 찾아보기, 착시에 대해 미술 교사와 이야기하기, Escher의 연구물 읽기.

5. **조사하고자 하는 것에 대한 아이디어를 세 가지에서 다섯 가지 열거하기:** 착시란 무엇인가? 인간의 눈은 어떻게 착각을 하는가? 착시는 어떻게 일어나는가? 착시를 주제로 그림을 그린 화가에는 누가 있는가? 나도 착시

현상 만드는 법을 배울 수 있는가?

6. **프로젝트를 발표할 때 적용할 방법을 적어도 세 가지 이상 열거하기:** 착시가 무엇인지 설명하기, 인간의 눈이 어떻게 작동하는지 다이어그램으로 나타내기, 나의 눈으로 착시를 만들어 보기, 급우들에게 나눠줄 착시에 관한 유인물 만들기, 학급 학생들에게 자신의 착시 현상을 만들어 보도록 하기 등

7. **프로젝트 추진 일정 세우기:**

   첫 주:　정보가 들어 있는 자료 읽기

   　　　　어른들과 인터뷰하기

   둘째 주: 다양한 형태의 착시 현상 찾아보기

   　　　　내 자신의 착시 만들어 보기

   　　　　눈의 다이어그램 만들기

   　　　　학급을 위해 유인물 만들기

   셋째 주: 발표 연습

   　　　　학급에 발표

8. **프로젝트를 어떻게 평가할 것인지 정하기:** 부모님 앞에서 발표 연습을 하고 피드백을 받기, 가장 친한 친구들 앞에서 발표하고 그들의 피드백 받기, 자신의 발표와 발표 자료에 대해 학급 학생들에게 피드백 요청하기, 자기 평가 양식에 답하기, 교사의 평가 읽기, 나의 발표가 들어 있는 비디오테이프 분석하기 등

　학생들은 프로젝트를 하기 위한 여덟 단계에 관해 토론을 하고 나면 자신의 프로젝트와 관련된 학습 계약서를 쓸 준비가 된 것이다. 이 학습 계약서에는 그들의 독립적인 학습에 관련된 내용과 학생들이 무엇을 공부하려고 하는지에 대한 정보가 들어 있다. 필자는 이 계약서들을 필자의 책상 위에 있는 폴더에 보관해 둔다. 학습 계약서는 조사 질문과 즉시 확인해야 할 자료들을 요구하기 때문에 특정 학생에게 학습 계약서가 실행 가능한지 또는 실행 불가능한지가 하루 이틀 안에 분명해진다. 때에 따라서는 학생들이 주제를 바꾸어야 하며, 이렇게 되었을 경우에는 새로운 학습 계약서를 작성해야 한다. 그러나 처음 몇 개의 프로젝트를 하다보면, 학생들은 조사할 수 있는 주제를 선정하는 데 적응하게 된다. 다음은 필자의 학생들이 쓰는 프로젝트 학습 계약서이다.

프로젝트 학습 계약서

이름: _____ 주제: _____

연구 질문: _____

_____

본 프로젝트를 하기 위해 해야 할 일들의 단계를 열거하시오.

_____

_____

_____

활용한 정보가 들어 있는 자료를 3개 이상 열거하시오.

_____

_____

_____

조사할 큰 아이디어들을 3개 이상 열거하시오.

_____

_____

_____

자신이 배운 것을 발표하는 방법을 3가지 이상 열거하시오.

_____

_____

_____

프로젝트 완성 예정일:

_____

다음은 필자가 학생들의 프로젝트 공부를 평가하기 위해 쓰는 평가 양식이다. 이 양식은 세 가지 요소로 구성되어 있는데, 첫째는 교사의 서술평가 부분이고, 둘째는 학생들이 말로 제시한 긍정적인 면과 비판적인 피드백을 교사가 적는 부분이며, 셋째는 학생들의 자기 평가를 요구하는 부분이다. 평가 기준표나 채점 기준 등이 포함되어 있다.

프로젝트 평가 양식

교사 코멘트

조사: _____

정보: _____

조직: _____

발표: _____

기타: _____

학생 코멘트

_____

_____

_____

자기 평가

주제에 대해 무엇을 배웠나요? _____

발표에 대해 무엇을 배웠나요? _____

어떤 부분이 가장 어려웠나요? _____

어떤 부분이 가장 좋았나요? _____

무엇을 더 배우기를 원하나요? _____

가정학습의 개별화

일부 학교 학부모와 학생들은 정기적으로 가정학습을 내주는 것을 기대하고 있다. 초등학교에서도 그렇다. 교사로서 필자는 가정학습이 재미있고 학생들의 마음에 들며, 학생들이 기꺼이 할 수 있게 만들려고 노력한다. 필자가 사용해본 한 가지 개별화 접근은 학생들에게 다중지능에 따라 주마다 가정학습을 제시하는 것이었다. 각 주마다 하나의 지능과 관련된 가정학습을 제시하고 금요일까지 완성하라고 한다. 몇 주의 기간이 지나면 모든 지능을 다 다루게 되고 새로운 순환이 시작된다. 때에 따라서는 가정학습 내용이 교실에서 배우는 내용과 잘 맞아 떨어진다. 또 어떤 때에는 학생들이 배우고 있는 교육과정과 동떨어진 것도 있다.

사실 필자의 학생들은 매 주 가정학습 과제를 기대하고 있다. 일부 학생들은 이러한 방법이 적어도 언젠가는 그들로 하여금 가정학습을 통해 성공하게 해준다는 기대감 때문에 기쁨을 감추지 못한다. 학생들은 또한 다양한 학습활동을 즐기며, 교실에서의 학습이 가정과 지역사회로 연장되는 것에 기뻐할 따름이다. 어떤 학부모는 학생들이 '방과 후에' 그처럼 열심을 보이는 것을 예전에는 보지 못했다고 말했다.

여기에 중학년 수준에 적절한 가정학습 사례 여덟 가지를 열거한다. 이들은 초등학교와 중학교 수준에서 쉽게 적용할 수 있을 것이다. 간단히 말해서, 필자는 가정학습을 통해서 학습 방법을 가르치려고 노력한다. 또한, 학생들에게 교실 밖에서도 즐길 수 있는 학습활동을 제시하려고 노력한다.

아래의 가정학습 사례들은 학생들에게 직접 쓴 것이며 필요에 따라 복사하여 나누어 주어도 된다.

언어지능 가정학습

전쟁, 선거, 또는 위기에 처한 사람의 구조와 같은 주제에 관해 한 주 동안 세 가지 새로운 것들을 수집하기 바랍니다. 만약 여러분에게 신문이 없다면 주어진 주제에 관해 인터넷, TV, 또는 라디오 리포트 등을 3일 동안 받아쓰기 바랍니다. 어떤 정보가 매일 공유되는지 비교하고 대조하여 보세요. 또 가능하다면, 같은 사안에 대해 매체마다 어떻게 달리 말하고 있는지를 비교 · 대조하시오. 여러분의 주제는 무엇이며, 한 주 동안 어떻게 변해왔는지에 관해 주말이 되면 소그룹과 공유할 수 있도록 준비하시오.

논리수학지능 가정학습

이번 주 여러분의 과제는 염가판매 상품을 찾아내는 것입니다. 신문, 우편과 함께 배달되는 광고지, 홍보책자나 쿠폰 북, TV나 라디오 광고, 또는 식료품 가게나 다른 가게 속에서 찾아보는 것입니다.

적어도 10개의 염가판매 상품을 찾으시오. 각 품목별로 정상판매 가격과 염가판매 가격의 목록을 작성하시오. 네 칸으로 된 차트를 만들어 이 자료를 기록하시오. 차트의 아래쪽에는 정상판매 가격의 합과 염가판매 가격의 합을 쓰고, 모든 상품을 다 살 경우 얼마만큼의 돈을 절약하게 되는지를 쓰시오.

가능하다면, 여러분이나 여러분의 가족들이 실제로 살 상품을 대상으로 이와 같이 해보시오. 그렇게 하면 여러분과 여러분 가족의 돈을 절약하게 됩니다.

부가점수를 위해서, 각 상품의 가격인하 비율을 계산하시오. 예를 들어, 어떤 상품의 정상판매 가격이 10달러인데, 염가판매 가격이 5달러라면, 가격인하 비율은 50퍼센트입니다. 이러한 계산을 모두 마치면, 가격 인하 퍼센트를 여러분의 전체 절약 칸에 기록하시오.

신체운동지능 가정학습

이쑤시개와 강력 접착제를 이용해 다리를 설계하고 만들어 보시오. 다리를 계획하고 만들기 위해서는 다리 구조에 따라 무게가 어떻게 분배되어야 하는지에 대해 생각해 보기 바랍니다. 여러분이 만든 다리는 하중이 가해지는 부분에 최대한의 힘을 받아야 합니다. 가능한 한 많은 이쑤시개와 접착제를 사용하세요. 다리 길이는 최소한 18cm가 되어야 합니다. 최소한 10cm의 넓이와 최대한 24cm의 길이가 되어야 합니다.

여러분이 만든 다리에는 장난감 트럭이 지나다닐 수 있는 차도가 있어야 합니다. 트럭의 크기는 4cm 넓이와 5cm 높이입니다. 차도는 다리의 어떤 높이 수준이 되어도 좋습니다.

여러분의 목표는 가능한 한 가장 튼튼한 다리를 만드는 것입니다. 금요일에 교실에서 그 강도를 측정할 것입니다. 가장 견고한 다리는 상품을 받을 것입니다.

시공간지능 가정학습

우리가 교실에서 공부한 주제에 관한 여덟 개의 질문과 여덟 개의 해답이 들어있는 '동서남북(flip-flop)'을 만듭니다.

- 9×9인치 정도의 정사각형 종이를 오려 시작합니다.

- 그것을 반으로 접고, 다시 네 개의 정사각형으로 만듭니다.

- 접은 것을 다시 펼쳐서 원래의 정사각형이 되게 합니다.

- 중앙을 향해 네 모퉁이를 각각 접습니다(그림 6.1).

- 뒤집어서 다시 중앙을 향해 새로운 네 모퉁이를 각각 접습니다.

- 안쪽의 삼각형을 반만 접습니다.

- 여러분의 엄지손가락과 집게손가락을 꺾은 네 부분에 넣습니다.

- 동서남북을 연습하면서 열렸다 접혔다 하는지 봅니다(그림 6.2).

- 안쪽 여덟 개의 삼각형에다 여덟 개의 질문이나 도전과제를 적습니다.

- 중앙 삼각형에는 각 질문에 대한 답을 씁니다.

● 네 개의 바깥쪽 사각형에는 동서남북 또는 범주에 따라 색깔을 칠합니다 (그림 6.1).

● 여러분이 좋아하는 장식을 합니다.

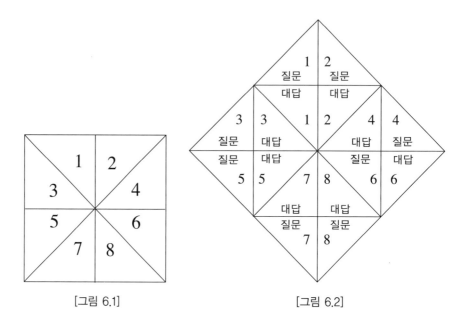

[그림 6.1] [그림 6.2]

놀이를 하기 위해서 친구들에게 색깔이나 범주(동서남북)를 고르도록 합니다. 범주에 해당하는 단어의 철자를 말합니다(예를 들어, p-u-r-p-l-e, 각 철자에 따라 접고 펴고 하면서). 친구들에게 다른 숫자나 점수를 고르도록 하고, 마찬가지로 철자를 말하거나 숫자를 세면서 열었다 접었다 합니다. 친구들에게 세 번째 숫자나 범주를 선택하도록 하고, 안쪽을 열어, 삼각형에 쓰여 있는 질문을 읽습니다.

음악지능 가정학습

친구들에게 가르치기 위해 손과 발을 이용해 리듬을 만듭니다. 손뼉을 치거나, 발을 동동 구르거나, 허벅지를 치거나, 손가락으로 딱 소리를 내는 것 등을 섞어서 만들 수도 있습니다. 또한 간단한 문장, 단어, 다른 음성 등을 포함할 수 있습니다.

친구들에게 리듬을 가르칠 때, 교사 친구는 각각의 부분을 모두에게 가르쳐야 하고, 학생 친구들은 교사 친구의 소리나 움직임을 흉내 냅니다.

예를 들면 다음과 같습니다.

손뼉, 손뼉, 손뼉
(학생들도 따라서 손뼉을 친다.)

무릎, 무릎, 무릎
(학생들도 따라서 무릎을 친다.)

손뼉, 손뼉, 무릎, 무릎, 짤깍, 짤깍, 짤깍, 헤이!
(학생들도 따라서 한다.)

대인관계지능 가정학습

여러분의 이번 주 가정학습은 설문을 수행하는 것입니다. 여러분은 최소한 열 명에게 인터뷰를 하고, 다음 질문 중 하나를 물어보거나 여러분이 만든 질문을 해야 합니다. 열 명 모두는 다른 반 친구여야 하며, 그들 중의 반은 최소한 성인이어야 합니다. 여러분의 인터뷰 결과를 보여주기 위해 그래프나 차트를 만드세요. 다음과 같은 질문을 사용할 수 있습니다.

1. 학생들은 몇 살이 되었을 때 잠자는 시간을 결정할 수 있다고 생각합니까? 왜 그 나이를 제안합니까?

2. 당신은 4~5번의 짧은 방학이 있는 사계절 학교가 있어야 한다고 생각합니까? 왜 그렇습니까? 또는 왜 그렇지 않습니까?

3. 학생이 학교에서 배워야 할 가장 중요한 것은 무엇이라고 생각합니까?

4. 모든 학생들이 초등학교에서 외국어를 배워야 한다고 생각합니까? 왜 그렇습니까? 또는 왜 그렇지 않습니까?

5. 학생이 몇 살이 되었을 때 직업을 가질 수 있도록 허용해야 한다고 생각합니까?

만약 이러한 질문들이 마음에 들지 않으면 스스로 질문을 만드십시오. 그러나 질문지를 수행하기 전에 여러분이 만든 질문지에 대해 교사의 허락을 받아야 합니다.

인터뷰 결과가 나오면, 그 결과들을 한눈에 볼 수 있도록 그래프나 차트를 만들고, 자료에서 얻은 결론이나 일반화를 쓰시오.

자기이해지능 가정학습

자기 자신에 대한 콜라주를 만드세요. 자신의 사진을 중앙에 붙인 후에 그 주위를 자신의 특징을 잘 나타내는 것들로 둘러쌉니다. 신문이나 잡지에서 오려낸 그림을 사용하거나, 그림, 클립아트, 단어, 시 또는 음식 상표 등을 사용합니다. 자신이 가장 좋아하는 음식, 장소, 운동, 동물, 활동 또는 사람들을 포함하세요.

여러분은 신문의 영화, 만화, 중요 기사 등에서 흥미 있는 것을 오려낼 수 있습니다. 만약 오래된 잡지 혹은 신문이 없다면 이웃에게 있는지 물어보거나 헌종이 수거함을 찾아보기 바랍니다. 가끔씩 도서관에는 폐기하는 잡지들이 있습니다.

만약 사진이나 잡지를 이용한다면, 그것들을 자르거나 붙이기 전에 주인의 허락을 얻어야 합니다. 만약 여러분이 콜라주에 입체적인 것을 붙이기로 결정했다면, 그것이 접착제 때문에 손상되지 않도록 주의해야 합니다. 만약 다른 사람들이 여러분의 콜라주를 보는 것을 원치 않는다면, 여러분 자신이 콜라주를 손수 만들었다는 것을 증명하는 짧은 진술을 부모님으로부터 받아야 합니다. 만약 콜라주를 공유해도 된다면 여러분은 금요일에 자신의 콜라주를 교실에 붙여놓고 콜라주 갤러리에서 그것들을 보는 데 시간을 보낼 수 있습니다.

자연탐구지능 가정학습

여러분의 이번 주 가정학습은 최소한 다섯 가지 범주를 이용해 카드 세트를 만드는 것입니다. 다섯 가지 범주에는 다섯 유형의 인형, 다섯 가지 운동, 다섯 종류의 동물, 새나 꽃이나 나무, 다섯 건물, 다섯 명의 유명한 여인, 다섯 명의 대통령, 다섯 교실들, 또는 다른 다섯 가지의 유사한 범주일 수 있습니다. 예를 들어, 만약 다섯 가지 행성을 고른다면 여러분은 최소한 각각의 행성에 대해 최소한 세 가지의 정보 카드를 만들어야 합니다. 만약 자신이 다섯 명의 유명한 흑인을 골랐다면, 여러분은 각 사람에 대해 최소한 세 개의 카드를 만들어야 합니다.

금요일에 여러분은 반 친구들에게 자신의 카드를 소개할 수 있는 기회를 갖습니다. 우리는 여러분의 카드를 이용해 분류, 범주화, 게임을 할 것입니다. 여러분은 나머지 몇 주 동안 카드 묶음을 더할 것입니다. 따라서 많은 범주와 다양한 사례에 대해 생각해보기 바랍니다. 주제가 될 수 있는 많은 다른 새들과 꽃들, 축구 선수들, 나라들, 유명인사들, 과일의 종류 등이 있습니다. 이러한 것은 좋은 주제가 될 것입니다. 볼링공이나 동물 인형과 같이 종류가 많지 않아 좋은 주제가 되기 어려운 것도 있습니다.

어떤 주제를 결정할지 망설여진다면 친구나 가족, 교사에게 물어 보세요. 저는 여러분이 카드를 만들기 시작하기 전에 여러분이 선택한 주제가 적절한지 확인하고자 합니다. 확인된 주제를 갖게 되면 제가 여러분에게 15장의 색인카드를 줄 것입니다. 여러분이 한 주제를 완성하면 필요에 따라 원하는 만큼의 카드를 가질 수 있습니다. 즐거운 시간 보내세요!

제7장

다중지능 교육과정 단원을
활용한 개별화수업

이 장에서는 주제중심교육과정 단원에 대한 아이디어를 교사들에게 제공한다. 완성된 다중지능 수업 지도안들을 포함하지 않는 대신 학습하는 데 여러 주 또는 여러 달이 걸리는 폭넓은 주제를 제시한다. 매년 필자의 교실에서는 여섯 개에서 여덟 개의 주제를 공부한다. 단절된 교과들을 필자의 단원뿐만 아니라 지역교육청과 주정부의 교육과정 목표에 통합시킨다. 교육과정 단원을 다루기 위한 일정을 제안한다 할지라도 이들은 임의로 조정한 것이며 교실마다의 요구를 충족시키기 위해서는 얼마든지 다시 조정할 수 있다. 이들은 개별화수업을 위한 최적의 기초를 제공한다.

어떻게 주제들을 선택할 것인가? 매년 여름 필자는 새로운 학년을 위해 한두 개의 새로운 주제를 확인한다. 학년이 시작됨과 동시에 학생들에게 배우고 싶은 것이 무엇인지 물어보고, 학생들과 함께 그들이 흥미를 갖고 있는 영역에 대해 확인한다. 필자는 또한 주정부의 교육과정 기준을 고려하고, 지역교육청 교육과정, 또한 필자가 과거에 다루었던 단원들도 고려한다. 이러한 자료로부터 여섯 개에서 여덟 개의 연간 단원이 드러난다. 시간이 허락하면 필자는 나중에 쉽게 활용하거나 동료 교사들과 공유하기 위해서 주제 단원 자료들을 포장해둔다. 작은 박스에 수업 지도안과 수업자료를 담아 놓는다. 이러한 주제단원 '도구'들을 쉽게 보관하고 공유할 수 있다.

제7장의 내용

- ⩔ 가능성이 있는 주제 목록
- ⩔ 교육과정의 개요 또는 마인드맵
- ⩔ 발견에 관한 주제단원을 위한 예상되는 수업안
- ⩔ 연간 주제 계획에 의한 개별화수업

가능성이 있는 주제 목록

때에 따라서는 가능성 있는 교육과정 주제의 목록을 가지고 있는 것이 도움이 된다. 필자는 하나의 단어를 선택하기를 좋아하고 그것이 가능한 한 주제로서 어떤 복잡성과 확장성이 나타나는지 찾아보기를 좋아한다. 어떤 때는 핵심 단어를 선택하고 그것을 다시 교육과정 단원을 안내하는 질문 형태로 바꾸어본다. 예를 들어, 다음과 같은 목록은 가능성이 있는 주제로서 '기술적 발명'이 포함되어 있다. "기술이 어떻게 인류를 도왔으며 방해했는가?"와 같이 핵심 단어들을 하나의 질문으로 변형시킬 수 있다.

주제가 정해지면, 다음 단계는 잠재적인 단원의 개요 또는 마인드맵을 만들 차례이다. 그 다음 그것을 다중지능 수업 계획으로 나누는 것이다. 다음에 필자는 발견이라는 주제를 위해 교육과정 개발 과정을 열거해 놓았다.

가능한 주제

발견

　발견의 항해
　발견의 육지 여행
　발견의 비행
　우주에서의 발견
　현미경 발견
　원자 발견
　미래 발견
　개인적인 발견

발명품

　건축 발명품

기계 발명품

전기 발명품

기술적인 발명품

산업적인 발명품

예술적인 발명품

의학적인 발명품

사회적인 발명품

개인적인 발명품

도전

과학에서의 도전

예술에서의 도전

대인관계에서의 도전

개인적인 도전

변화

지구의 변화

자연의 변화

기후의 변화

문화의 변화

우리 신체의 변화

우리 가정의 변화

우리 친구들의 변화

개인적인 변화

상호의존성

자연의 상호의존

지역사회의 상호의존

개인들 사이의 상호의존

나라들 사이의 상호의존

민주주의

역사의 민주주의

우리나라의 민주주의

다른 나라의 민주주의

학교의 민주주의

교육과정 개요, 또는 마인드맵

공부할 주제를 확인한 후, 필자는 공부할 단원으로서 주요 하위주제들의 윤곽을 나열한다. 또한, 그러한 단원을 공부하는 동안 학생들이 반드시 습득해야 할 중요한 기술도 함께 고려한다.

〈발견〉 단원을 배우는 동안 가르쳐야 할 가능한 기술

주정부 교육과정 기준이 요구하는 읽기, 쓰기, 사회 기술

동료 피드백

사고 기술: 비교와 대조, 분석, 범주화

역사적-연구 기술

자기 성찰

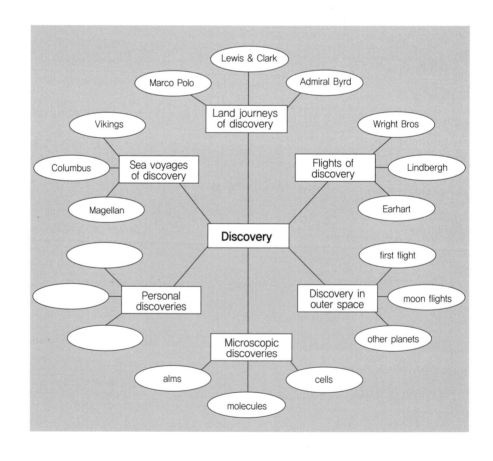

〈발견〉 주제단원과 관련하여 가능한 다중지능 수업 지도안

바다 항해

바이킹(Vikings)을 공부하기 위한 활동

언어지능 활동: 바이킹에 관해 적어도 세 가지 정보 자원을 확인하고 읽기

논리수학지능 활동: 바이킹들이 여행한 거리 계산하기

신체운동지능 활동: 바이킹 배의 모형 만들기

시공간지능 활동: 지도에 바이킹 항로 그리기

음악지능 활동: 노 젓는 가락이 들어 있는 리듬 작곡하기

대인관계지능 활동: 바이킹 배에 관한 명령 체계 고안하기

자기이해지능 활동: 누군가가 그렇게 되기를 원하는 배에 관한 역할을 구체
화하기

자연탐구지능 활동: 각 탐험가의 성격이 들어 있는 탐험가 카드 세트를 설계
하여 만들어 보기

콜럼버스(Columbus)를 공부하기 위한 활동

언어지능 활동: 콜럼버스에 관한 다른 관점들을 읽고 토론하기

논리수학지능 활동: 거리 문제를 계산하기(속도×시간)

신체운동지능 활동: 바하마 도착을 드라마로 만들기

시공간지능 활동: 콜럼버스 항해의 지도 만들기

음악지능 활동: 15세기 음악과 16세기 음악을 비교하기

대인관계지능 활동: 평화적으로 문화들을 혼합하는 계획 세우기

자기이해지능 활동: 아라와크족(남아메리카 인디오)을 대우하는 방법을 구체
화하고 그렇게 하는 이유 기술하기

자연탐구지능 활동: 콜럼버스가 보았을 법한 고기, 바다 동물, 바다 새 등의
유형 공부하기

마젤란(Magellan)을 공부하기 위한 활동

언어지능 활동: 왕이나 여왕에게 먼 여행에 필요한 선박을 요구하는 연설문
쓰기

논리수학지능 활동: 항해하는 데 필요한 음식이나 생수가 얼마나 필요한지
계산하기

신체운동지능 활동: 밧줄을 타고 기어오르기(돛을 손보기 위해)

시공간지능 활동: 선박, 의복, 또는 바다로부터 나온 다른 물품 그리기

음악지능 활동: 바다 노래 배우기

대인관계지능 활동: 스페인으로 귀향하는 배를 위한 역할 놀이

자기이해지능 활동: 선장의 일지 쓰기

자연탐구지능 활동: 대서양, 태평양, 인도양의 특성을 비교 · 대조하기

육지 여행

마르코 폴로(Marco Polo)를 공부하기 위한 활동

언어지능 활동: 여러 항해에 대한 역사적 풍문을 비교 · 대조하기

논리수학지능 활동: 마르코 폴로의 여러 항해 중 하나를 택해 여행한 거리가 하루, 한 주, 한 달, 한 해당 얼마였는지 계산하기

신체운동지능 활동: 마르코 폴로의 여행에 대한 갑판 게임 만들기

시공간지능 활동: 그가 방문한 한 나라의 방문 장면을 그리기

음악지능 활동: 그 당시 중국과 이탈리아의 음악 비교하기

대인관계지능 활동: 소그룹을 지어 당시 중국과 이탈리아 문화 대조하기

자기이해지능 활동: 마르코 폴로의 일기 제목을 하나 모방하기

자연탐구지능 활동: 이탈리아에서 중국에 이르는 바다항해와 육지항해를 비교 · 대조하기

루이스와 클락(Lewis and Clark)을 공부하기 위한 활동

언어지능 활동: 루이스와 클락 희곡 각본 읽기

논리수학지능 활동: 각본을 나누고 역할과 과제를 부여하기

신체운동지능 활동: 연극 세트장을 만들기

시공간지능 활동: 연극을 위한 무대 의상 만들기

음악지능 활동: 연극에 나오는 음악 반주에 사용할 간단한 드럼 만들기

대인관계지능 활동: 태평양으로의 여행 재현하기

자기이해지능 활동: 극에서의 역할 돌아보기

자연탐구지능 활동: 루이스와 클락이 생존하기 위해 필요한 식물과 동물에 관한 지식 목록 만들기

버드 함장(Admiral Byrd)을 공부하기 위한 활동

언어지능 활동: 북극 탐험에 관한 책들을 선택하여 읽고(예: 버드가 쓴 책
『Alone』과 같은) 그러한 항해로부터 배운 중요한 것들을 찾아내기

논리수학지능 활동: 버드의 항해에서 수행된 과학적인 연구에 대해 설명하기

신체운동지능 활동: 양 극의 등고선 지도 만들기

시공간지능 활동: 양 극의 지리학적 특징 그리기

음악지능 활동: 북극 여행에 관한 노래를 위한 가사 짓기

대인관계지능 활동: 버드의 극지방 조사 연구로부터 배운 정보를 서로 가르
치기

자기이해지능 활동: 극지방 환경에서 혼자 살기에 대해 어떻게 대처할지를
설명하기

자연탐구지능 활동: 식물 및 동물과 함께 극지방 환경의 주요 특성을 확인하기

비행

라이트(Wright) 형제를 공부하기 위한 활동

언어지능 활동: 라이트 형제의 삶에 대해 조사하기

논리수학지능 활동: 라이트 형제 비행기의 규모를 계산 · 비교하기

신체운동지능 활동: Popsicle®-stick 모형 비행기 만들기

시공간지능 활동: 라이트 형제 비행기의 모사품 그리기

음악지능 활동: 'Wild Blue Yonder' 노래 배우기

대인관계지능 활동: 라이트 형제와 모의 인터뷰하기

자기이해지능 활동: 이와 같은 기술적 발명을 하는 데 있어서 개척자에게 필
요한 개인적 자질이 무엇인지에 대해 쓰기

자연탐구지능 활동: 비행기가 이륙하는 데 있어서 앞날개와 뒷날개가 미치는
영향에 대해 설명하기

찰스 린드버그(Charles Lindbergh)를 공부하기 위한 활동

언어지능 활동: 린드버그의 역사적 비행 또는 그의 생애에 대한 다른 측면들
에 대해 간단한 이야기 준비하기

논리수학지능 활동: 다른 비행 탐험가들과 유명한 린드버그의 비행 거리와
시간을 비교하기

신체운동지능 활동: 린드버그는 또한 발명가였음; 새로운 기술을 대변하는

모의 발명품 만들기

시공간지능 활동: 학교나 지역사회를 항공기에서 보고 그리기

음악지능 활동: 린드버그의 생애와 어떤 사건을 나타내는 것들을 함께 넣어 콜라주 만들기

대인관계지능 활동: 그의 생애에 있어서 몇몇 사건들을 나누어보고 이것들이 다른 사람들에게 미친 영향 이야기하기(예를 들어, 린드버그 납치와 법, 친선대사로서의 봉사, 부인 앤 모로우(Anne Morrow)와의 항로 지도 만들기 등)

자기이해지능 활동: 34시간을 혼자 보내기에 대해 글쓰기

자연탐구지능 활동: 항공기의 관점에서 대기 풍파 형태 나타내기

아멜리아 에어하트(Amelia Earhart)를 공부하기 위한 활동

언어지능 활동: 어하트의 책을 읽고 좋아하는 글귀 공유하기

논리수학지능 활동: 마젤란의 계획과 어하트의 계획을 비교하기

신체운동지능 활동: 오랫동안 앉아 있는 동안 할 수 있는 일련의 운동 만들기

시공간지능 활동: 비행 시뮬레이션 소프트웨어로 연습하기

음악지능 활동: 그녀의 곡예와 사라짐에 대한 노래 만들기

대인관계지능 활동: 그녀가 개척자가 되는 데 도움이 되었던 자질 발견하기

자기이해지능 활동: 하나의 선택 유형으로, 왜 어하트가 영감을 주는지에 대해 되돌아보기

자연탐구지능 활동: 구름이 지나가는 비행기에 미칠 수 있는 효과를 조사하기

우주에서의 발견

첫 번째 우주 항해를 공부하기 위한 활동

언어지능 활동: 초기 우주여행에 대해 조사해서 다른 학생들을 가르치기

논리수학지능 활동: 비행기와 우주선의 규모를 비교하기

신체운동지능 활동: 찰흙이나 석고로 우주선 모형 만들기

시공간지능 활동: 사람이 탑승한 모든 우주선의 차트 만들기

음악지능 활동: 우주로 항해하기 위한 음악 선정하기

대인관계지능 활동: 초기 우주 항해에 있어서 다양한 나라들의 기여점 찾아내기

자기이해지능 활동: 우주 밖으로 가지고 갈 수 있는 열 가지를 열거하고 설명하기

자연탐구지능 활동: 로켓이 지구로부터 발사될 때의 공기 온도 변화 조사하기

첫 번째 달 궤도를 공부하기 위한 활동

언어지능 활동: 암스트롱의 말을 포함한 첫 번째 달 착륙에 관한 뉴스 방송 만들기

논리수학지능 활동: 달 궤도로 진입하기 위한 속도와 거리 계산하기

신체운동지능 활동: 무중력 상태인 달에서 걷는 무언극하기

시공간지능 활동: 추진기, 우주선, 달착륙선을 다이어그램으로 만들기

음악지능 활동: 첫 번째 달 착륙을 방송하기 위한 배경 음악 만들기

대인관계지능 활동: 2~3명이 승무원이 탄 작은 우주선에서의 활동 계획하기

자기이해지능 활동: 오랜 우주여행을 견디기 위해 필요한 개인적 강점들 찾아보기

자연탐구지능 활동: 지구와 달의 환경 비교·대조하기

태양계 너머의 발견을 공부하기 위한 활동

언어지능 활동: 외계 우주에서 최근 발견한 것들의 목록 만들기

논리수학지능 활동: 먼 거리를 위한 비유 만들기

신체운동지능 활동: 다양한 은하계의 모습을 춤이나 역할 놀이로 표현하기

시공간지능 활동: 외계 발견에 대한 컴퓨터 그래픽 만들기

음악지능 활동: 외계 우주의 소리 흉내 내기

대인관계지능 활동: 소그룹으로 나누어 웜홀[black hole과 white hole의 연락로(路)]과 블랙홀 조사하기

자기이해지능 활동: 태양계 및 외계 세계에 대한 느낌 써보기

자연탐구지능 활동: 성단과 은하계의 패턴 설명하기

현미경에 의한 발견

세포를 공부하기 위한 활동

언어지능 활동: 매들린 엥글(Madeline L' Engle)의 『A Wind in the Door』를 읽고 그 책의 과학적 정확성에 대해 토론하기

논리수학지능 활동: 세포분열의 속도 계산하기

신체운동지능 활동: 현미경으로 세포 조사하기

시공간지능 활동: 미세 생물에 대한 비디오테이프나 영화 보기

음악지능 활동: 정보를 강화하기 위해 비디오나 영화에 사용된 음성효과나 음악 주의하여 듣기

대인관계지능 활동: 그룹으로 나누어 다른 세포 발견물 조사하기

자기이해지능 활동: 우리 몸의 세포 분열 시각화하기

자연탐구지능 활동: 현미경, 사진, 또는 웹사이트에 있는 다른 유형의 세포를 검사하고 비교하기

분자를 공부하기 위한 활동

언어지능 활동: 분자 발견에 관한 알려진 사실 읽기

논리수학지능 활동: 분자에 들어 있는 원자의 수를 (미지의 사실을 기지의 사실로부터) 추정하기; 예를 들어, 만약 어떤 분자에 일곱 개의 원자가 있다면, 다섯 개의 분자 안에는 몇 개의 원자가 있는가?

신체운동지능 활동: 분자와 분자 발견에 관한 정보를 제시하는 지역 과학박물관 방문하기

시공간지능 활동: 이중 나선형의 DNA 조사하고 그림 그리기

음악지능 활동: 분자 구조를 닮은 음악을 즉흥으로 연주하기

대인관계지능 활동: 분자와 인간의 (공동 생활로 인한) 긴밀한 유대관계 비교하기

자기이해지능 활동: 다른 요소들의 분자 조사하기

자연탐구지능 활동: 다른 합성물의 분자구조 비교 · 대조하기

원자를 공부하기 위한 활동

언어지능 활동: 원자 발견에 대해 설명하기

논리수학지능 활동: 원소 주기율표 조사하기

신체운동지능 활동: 공 등을 사용하여 원자 모형 만들기

시공간지능 활동: 원자의 주요부분을 다이어그램으로 나타내기

음악지능 활동: 원자의 주요 부분에 대한 노래 만들기

대인관계지능 활동: 원자에 대해 발표할 초청 인사로 지역의 과학자를 초청하기

자기이해지능 활동: 조사할 가장 좋아하는 원소를 선택하고 왜 그것이 자신과 유사한지 설명하기

자연탐구지능 활동: 원소 주기율표상의 가로와 세로에 있는 원자들의 공통 특성 기술하기

개인적인 발견

> 언어지능 활동: 개인적인 발견에 대해 쓰기
>
> 논리수학지능 활동: 개인적인 발견에 대한 시간표 만들기
>
> 신체운동지능 활동: 개인적인 발견에 대해 드라마로 만들거나 춤추기
>
> 시공간지능 활동: 개인적인 발견을 콜라주로 만들기
>
> 음악지능 활동: 개인적인 발견을 다룬 노래를 확인하고 공유하기
>
> 대인관계지능 활동: 작은 그룹으로 나누어 개인적인 발견 공유하기
>
> 자기이해지능 활동: 미래 발견을 위해 개인적인 목표 정하기
>
> 자연탐구지능 활동: 새로운 꽃, 곤충, 새 등을 찾아보기

연중 주제단원 계획에 의한 개별화수업

교사들은 종종 필자에게 어떤 교육과정 단원을 가르치기를 좋아하고 또 학생들은 어떤 단원을 좋아하는지에 대해 물어본다. 가장 선호하는 세 단원의 대략적인 개요를 제시하였다. 이들은 '쿼크(hadron의 구성 요소로 되어 있는 입자 발견)로부터 퀘이사', '세계의 미술', '우리의 유일한 지구'이다. 이세 단원은 각각 1년 동안 제시되지만, 시간 구성은 사실상 융통적이다. 필자는 이러한 단원들을 (한두 가지 형태로) 초등학교 1학년, 2학년, 3학년, 4학년, 5학년, 6학년에 이르기까지 가르쳤다. 이들은 다른 학년 수준에서 적용한 바와 같이 고등학교에서도 적용할 수 있다. 이러한 단원은 필자의 주정부가 제시한 교육과정 기준에 있는 읽기, 쓰기와 예술, 수학과 과학/사회의 내용을 중심으로 적합하게 조정한 것들이다. 여러분도 여러분이 속한 주의 교육과정 기준에 적합하게 조정하여야 한다.

주제단원 계획 사례: 쿼크부터 퀘이사까지

다음 교육과정 단원은 소우주, 인간 세계, 대우주의 세 부분으로 나누어져 있다. 이 단원은 공통된 교과들, 즉 언어예술, 수학, 과학, 사회, 보건, 미술, 체육, 음악을 통합한 것이다. 순서적으로 배열되어 거꾸로 대우주, 인간 세계, 소우주로 가르칠 수도 있다. 학생들에게 짧은 영화인 'Powers of Ten'(대부분의 공공 도서관에 가면 비디오나 DVD로 대여하여 볼 수 있다.)을 보여주는 것은 이 단원의 시작과

끝을 보여주는 아주 좋은 방법이다.

쿼크로부터 퀘이사까지

9월: 소우주

3~4주

교과: 과학

원자보다 작은 (입자의) 미립자―쿼크, 렙톤, 중간자 등 [2~3일]

원자―원소, 주기율표 [1주]

분자―합성물, 분자 결합 [1주]

세포―식물과 동물의 세포, 세포 분열 [1주]

10월~4월: 인간 세계

5~7개월

교과: 보건, 사회, 언어예술

신체―두뇌, 기관 [2주]

인류의 역사―원시사회로부터 현대에 이르기까지 [2개월]

인류의 성취―발견, 발명, 창조 [2개월]

인류의 문화―세계의 문화 [2개월]

지구의 지리―대륙, 산맥, 강 등 [2~3주]

5월~6월: 대우주

4~6주

교과: 과학, 사회, 언어 예술

태양계―행성, 소행성, 혜성 등 [1주]

은하계―별과 성운 [1주]

우주―은하, 블랙 홀, 퀘이사 [1주]

미래의 진행―인공두뇌학, 기술, 미래의 과제[1주]

주제단원 계획 사례: 세계의 예술

본 주제 단원은 사회와 미술을 강조하지만 많은 언어예술, 수학, 과학, 음악 활동을 포함하고 있다. 반드시 순서에 따를 필요는 없다. 다만, 두 가지 가능성은 지리학적 순서 또는 역사적 순서이다. 이 두 가지를 복합한 사례는 다음과 같다.

세계의 예술

원시 예술 (9월)
동굴 벽화, 원시 조각

활동 사례: 야채가게에서 사용하는 종이봉투를 이용하여 원시 동굴 같은 그림 그리기

초기 문명사회 예술 (10월)
수메리아, 이집트, 중국, 인도

활동 사례: 피라미드 또는 지구랏[ziggurats: 옛 바빌로니아·앗시리아 신전(피라미드꼴)] 만들기

그리스와 로마 예술 (11월)
조각, 건축, 설계

활동 사례: 찰흙으로 조각 만들기

아프리카 예술 (12월)
서부아프리카, 남부아프리카, 중앙아프리카, 동부아프리카

활동 사례: 아딩크라 수예품 만들기(참고: 『Art from Many Hands』 찾아보기)

아시아 예술 (1월)
한국, 중국, 일본, 동남아시아, 인도

활동 사례: 종이 만들기 및 목판 인쇄

유럽 예술 (2월)
르네상스, 인상주의

활동 사례: 아크릴 페인팅, 수채화

남아메리카와 중앙아메리카 예술 (3월)
멕시코, 과테말라, 페루, 볼리비아, 브라질

활동 사례: 모래 페인팅, 털실 예술

북미 예술 (4월)
원주민 예술, 식민지 시대 예술, 서부 예술

활동 사례: 장난감 만들기(예: 팽이)

근대 및 현대 예술 (5월)
추상화, 표현주의, 새로운 종류의 예술

활동 사례: 콜라주 만들기, 구슬(bead) 작업, 유리, 조각

주제단원 계획 사례: 우리의 유일한 지구

'우리의 유일한 지구' 는 지역 및 세계적인 도전들을 다루는 통합교육과정 단원이다. 다음 단원들을 가르치는 데 특별히 정해진 순서는 없다. 또한 모든 부분을 다 가르칠 필요도 없다. 교사들은 자기 학급에 가장 흥미로운 주제를 선택할 수 있다. 아래에 제시된 순서는 임의로 만든 것이다. 이러한 영역을 공부하는 데 있어서 대부분의 학급에서 이들이 서로 의존적이며 많은 면에서 겹치고 있음을 발견한다.

우리의 유일한 지구

9월 15일~10월 31일: **우리의 병든 하늘**
공기 오염, 지구온난화, 오존층

11월 1일~12월 15일: **해양 위기**
해양 오염, 고래사냥, 육지침수 및 유실

1월: **열대우림지대**
탈우림화, 육지 붕괴, 소멸

2월: **멸종 위기**
사라져가는 식물과 동물

3월: **에너지 위기**
생산의 문제; 대체 자원

4월: 전쟁: **지구촌 전쟁지역**
전 세계에서 벌어지는 인간 갈등

5월: **우리의 나누어진 세계**
인구과잉, 가난, 굶주림 등

각 소재의 결론으로서 문제해결 과정은 학생들로 하여금 해결책을 제시하게 하고 더 나아가 실천에 옮기도록 한다. 다양한 지역사회 봉사 프로젝트도 종종 나타난다.

이 단원을 위한 아주 좋은 자료는 지구촌 문제들을 해결하기 위한 『Our Only Earth』 시리즈의 교실 매뉴얼인데, 이는 온라인 서점에서 구입할 수 있다.

교사들은 종종 교육과정 계획의 개발을 안내하는 시각적인 양식을 원한다. 많은 교사들은 가능한 한 많은 정보를 포함하기 위하여 다음 차트를 확대하여 사용한다.

주제단원 계획 모형

주제 초점: _____ 단원: _____

주정부 교육과정 기준: _____

핵심 주제 또는 질문	
목표:	대인관계지능 활동
언어지능 활동	자기이해지능 활동
논리수학지능 활동	자연탐구지능 활동
신체운동지능 활동	평가 활동
시공간지능 활동	정리 활동
음악지능 활동	

끝을 맺으며

이 책을 통하여, 필자의 교실에서 개별화수업을 하기 위한 다중지능이론 몇 가지 방법을 독자들과 공유하고자 했다. 하지만, 교사로서 필자가 생각하기에는 여러분이 여러분 자신, 학생, 지역사회에 맞는 적절한 접근법을 개발하는 것이 중요하다고 생각한다.

수년 동안 다중지능이론을 접목한 수업을 돌아보면서 몇 가지 생각을 여러분과 공유하고 싶다. 필자는 지속적으로 보다 많은 수업을 즐거운 마음으로 계획해오고 있으며, 필자의 학생들이 잘 응해왔고 또 필자가 전문가로서 경험하고 성공해 왔기에 이제는 새로운 평가 과정을 만들어 보고 있다. 이들 중에서 필자로 하여금 지속적으로 이 일을 할 수 있도록 동기를 부여해 준 일부 가시적 성과를 내보이고 있는 것을 소개하고자 한다.

본 프로그램의 결과에는 어떤 것들이 있는가?

필자는 중학년 학생들을 대상으로 다중지능을 접목한 개별화수업 모형이 어떤 영향을 미치는지 검증하기 위해서 필자의 교실에서 현장연구를 실행했다. 이 연구를 위해 필자는 다음과 같은 것들을 기록하는 구체적인 항목이 적힌 일지를 날마다 작성했다.

- 날마다 일반적인 생각을 기록하였다.

- 날마다 학생들이 학습에 임하는 모습과 집중하는 모습을 평가하였다.

- 센터와 센터 사이를 옮길 때마다 평가하여 기록하였다.

- 문제가 되는 행동들을 설명하였다.

- 교사의 시간을 어떻게 활용하였는지 자기 평가를 하였다.

- 이전 시간에 심각한 문제 행동을 야기했던 학생들을 추적하여 기록, 관리하였다.

이와 더불어, 필자는 연중 내내 '교실 분위기 조사'를 수차례 실시하였고, 수년 동안 수차례에 걸쳐 시행된 표준화검사 결과도 수집하였다.

수집된 자료의 분석 결과는 다음과 같다.

1. 연중에 걸친 활동 과정들을 통하여 학생들의 책임감, 자기주도성, 독립심 등이 향상되었다. 다른 학급 학생들과 비교하려는 의도는 없지만, 수백 명의 방문객들의 말에 의하면, 필자의 학급 학생들에게서 자기주도성과 학습동기가 지속적으로 유의미한 차이를 나타내 보이며 드러났다. 학생들은 자신들의 프로젝트를 개발하고, 필요한 자원과 자료를 수집하고, 잘 계획된 발표물을 만드는 데에도 점차 능숙해졌다.

2. 문제 행동도 많이 줄어들었다. 이전에 심각한 행동 문제를 가지고 있다고 보인 학생도 대인관계와 관련된 사회적 기술이 급속히 향상되는 것이 보였고, 특히 처음 6주간의 학교생활 가운데 변화가 현저하였다. 학년도 중간 즈음에 이르러서는 이들은 자신들이 속한 그룹에 종종 중요한 기여를 하기도 하였다. 그리고 학년도 마지막 즈음에는 이들이 학습 센터에서 이따금씩 긍정적인 리더십을 발휘하기도 하였다.

3. 모든 학생들이 새로운 기능들을 개발했고 적용하였다. 가을에는 대부분의 학생들이 자신의 선호하는 학습센터를 단지 하나 정도로 설명하였다. (참 흥미롭게도, 여덟 개의 학습센터에 학생들이 항상 골고루 분포하였다.) 학년도 중간 즈음에는 대부분의 학생들이 서너 개의 선호하는 학습센터를 설명하였다. 더 나아가 모든 학생들이 자신들의 독립 프로젝트를 발표할 때 쯤에 가서는 여덟 개의 학습센터에서 배우고 익힌 기술인 노래, 희극, 시각 자료, 시, 게임, 질문지, 수수께끼, 그룹 참여 활동 등을 활용한 다양한 형태의 발표를 하였다.

4. 모든 학생들에게 있어서 협동학습 기능이 향상되었다. 대부분의 학습센터 공부가 협력적이었기 때문에 학생들은 듣기, 서로 돕기, 다양한 활동에 있어서 리더십 공유하기, 그룹 변화에 협조하기, 자기 프로그램에 들어온 새로운 급우 소개하기 등에 매우 능숙해졌다. 이들은 서로 존중하는 것만을 배운 것이 아니라 동료 급우들의 독특한 재능과 그 능력 등을 인정하고 고맙게 여기는 법도 배웠다.

5. 교사 제작 평가지와 표준화학력 검사지를 통한 평가에 의하면 학생들의

학업 성취도도 향상되었다. 주교육청에서 실시한 평가 결과는 모든 영역에서 지역, 주, 전국의 점수보다 같거나 높게 나타났다. 학년말 학교 시험에서는 파지력이 높게 나타났다. 정보를 재생하는 방법도 개별화수업의 힘과 다중지능이론을 통한 공부의 영향을 나타내는 음악적, 시각적, 운동적인 것들이 지배적이었다. 전에는 학교에서 성공적이지 못했던 학생들이 새로운 영역에 있어서 높은 성취자가 되는 것을 관찰할 수 있었다.

요약을 하자면, 학생들의 학습력이 향상되었다는 것은 분명하다. 많은 학생들이 처음으로 학교생활을 좋아하게 되었다고 말했다. 학년도가 지나면서 새로운 기술들이 나타나기도 했다. 일부 학생들은 새로이 음악적 능력을 발견했고, 일부 학생들은 미술, 문학, 수학 등 다른 능력들을 발견했다. 일부 학생들은 능숙한 리더가 되었다. 더 나아가, 자신감과 학습동기도 월등히 향상되었다. 끝으로 학생들은 자신의 성공적인 학습경험을 형성하는 데 있어서 스스로 적극적인 역할을 함으로써 책임감, 자기의존성, 독립심 등이 향상되었다.

다중지능을 활용한 개별화수업에서 교사의 역할은 무엇인가?

이 책에 소개된 것과 같은 학생 중심 교실에서 나타나는 흥미로운 결과의 하나는 교사의 역할이다. 대부분의 학생들이 프로젝트를 하거나 센터에서 학습활동을 하는 동안, 필자는 학생들 개개인 또는 소그룹들과 함께 시간을 보냈다. 필자는 학생들이 새로운 기능을 익히도록 도왔고, 국어와 수학을 어려워하는 학생들에게는 도우미가 되었고, 도전적인 학습과제를 하고 있는 영재학생들을 격려했으며, 소그룹별로 물체를 설계하고, 율동을 만들어내며, 프로젝트를 계획하는 것을 함께 했다. 이와 더불어, 필자는 종종 학생 개개인들과 협의하였으며, 그들의 공부 내용을 평가하였고, 향상을 위한 기회를 제시하였고, 긍정적인 피드백을 제공하였다. 그리하여 필자의 역할은 촉매자, 안내자, 자료 제공자가 된 것이다. 학생들과의 관계는 보다 친밀해졌고, 학생들 개개인의 성취에 의해 필자는 보다 높은 만족감을 맛보게 되었다.

필자의 역할이 바뀌었을 뿐만 아니라 그러한 환경하에서 이루어진 수업 결과로서 새로운 능력을 개발시킬 수 있었다. 다양한 관점을 가지고 학생들을 관찰하는 것을 배웠다. 필자는 다양한 학습 방법으로 수업을 준비하는 것과 학습센터와 프로젝트 중심의 학습을 촉진하는 자료를 수집하는 것에 보다 능숙해졌다. 필자는 또한 학생들이 탐구하는 것을 함께 탐구하였고 그들이 발견하는 것을 함께 발견했으며, 종종 그들이 배운 것을 함께 배움으로써 필자의 학생들을 가르치기보다는 그들과 함께 공부하고 있다는 것을 알게 되었다. 필자의 만족은 학생들의 시험 점수와 조용히 앉아 있는 능력보다는 학생들이 열심히 공부하려는 것과 독립성에 있었다. 가장 중요한 것은 그러한 다양한 학습 형태를 위해 준비하는 과정에서 필자의 사고가 보다 창의적이고 복합형 상태로 되어졌다는 것이다. 필자는 가끔 학생들이 더 많이 변하는지 아니면 필자가 더 많이 변하는지 궁금해할 정도이다.

왜 다중지능을 접목한 개별화수업이 성공적인가?

다중지능을 접목한 개별화수업이 필자의 교실에서 나아가 전국 수백 여 교실에서 성공을 거두고 있다. 이러한 성공의 요인으로는 두 가지가 있는 것 같다. 첫째, 모든 학생들은 적어도 인간 지능의 한 영역 이상에서 강점을 통해 특성화되고 앞서 나갈 수 있는 기회를 가진다는 것이다. 대개는 서너 개의 지능에서 이러한 전문화와 진전이 이루어진다. 필자가 이 프로그램을 시작한 이래, 자신의 특성화 영역을 발견하지 못하거나 성공하지 못한 학생은 한 학생도 없다. 둘째, 학생 개개인은 다양한 방법으로 교과를 배워 주어진 정보를 이해하고 기억하는 다양한 기회가 주어진다는 것이다. 더 나아가 학생들이 이 프로그램에 쏟는 노력으로 인하여 그들의 학습경험은 개인적인 의미를 갖게 된다는 것이다.

학생들의 많은 요구들은 개별화수업을 통해 충족된다. 학생들의 지적 요구들은 매일매일 도전적인 활동을 통하여 충족된다. 다른 학생들과 친밀한 상태에서 공부하거나 독자적으로 공부하게 됨으로써 정서적인 요구도 충족된다. 궁극적으로는 학생들이 다중지능 환경에서 공부하게 되면 자신들이 갖고 있는 새로운 강점을 찾게 되어 스스로를 더 잘 이해하고 존중하게 된다고 필자는 믿는다. 학생들이 찾아낸 여러 가지 방법들로 인하여 교실을 떠난 오랜 후라도 그들의 관심사를 꾸준히 추구하는 여러 능력들을 갖게 된다. 필자가 가르치는 학생 개개인들로 하여금 공부하는 것을 사랑하게 하는 것이 교육자로서 필자가 항상 추구하는 목표이다.

참고문헌

Armstrong, Thomas. *In Their Own Way*. Los Angeles: Tarcher, 1987.

Benzie, Teresa. *A Moving Experience: Dance for Lovers of Children and the Child Within*. Tucson: Zephyr, 1987.

Blood-Patterson, Peter. *Rise Up Singing*. Bethlehem, PA: Sing Out Corp., 1988.

Brookes, Mona. *Drawing with Children*. Los Angeles: Tarcher, 1986.

Burns, Marilyn. *A Collection of Math Lessons, Books 1-3*. White Plains, NY: Math Solutions Publications, Cuisenaire Co. of America, 1987.

Campbell, Linda. *Mindful Learning: 101 Proven Strategies for Student and Teacher Success*. Thousand Oaks, CA: Corwin, 2003.

Campbell, Linda, and Bruce Campbell. *Multiple Intelligences and Student Achievement: Success Stories from Six Schools*. Alexandria, VA: ASCD, 1999.

Campbell, Linda et al. *Our Only Earth: A Global Problem-Solving Series*. Tucson: Zephyr, 1990.

Campbell, Linda et al. *Teaching & Learning through Multiple Intelligences*. Needham Heights, MA: Allyn & Bacon, 1994.

Csikszentmihalyi, Mihaly. *Flow: The Psychology of Optimal Experience*. New York: Cambridge University Press, 1990.

Dunn, Rita and Kenneth. *Teaching Students through Their Individual Learning Styles: A Practical Approach*. Reston, VA: Prentice Hall, 1978.

Educational Testing Service and Harvard Project Zero. *Arts PROPEL: An Introductory Handbook*. Harvard Graduate School of Education: Cambridge, 1991.

Gardner, Howard. *Frames of Mind: The Theory of Multiple Intelligences*. New York: Basic Books, 1983.

Gardner, Howard. *Multiple Intelligences: The Theory in Practice*. New York: Basic Books, 1993.

Gardner, Howard. *Multiple Intelligences: New Horizons*. New York: Basic Books,

1983.

Gilbert, Anne. *Teaching the Three R's through Movement*. New York: MacMillan, 1989.

Gilbert, Anne. *Creative Dance for All Ages*. Reston, VA: American Alliance for Health, Physical Education, Recreation and Dance, 1992.

Gregory, Gayle. *Differentiated Instructional Strategies in Practice*. Thousant Oaks, CA: Corwin, 2003.

Koch, Kenneth and Kate Farrel. *Talking to the Sun*. New York: Henry Holt, 1985.

Koch, Kenneth. *Wishes, Lies, and Dreams: Teaching Poetry to Children*. New York: Henry Holt, 1979.

Lewis, Barbara. *The Kids Guide to Social Action*. Minneapolis: Free Spirit Publishing, 1998.

Liem, Tik. *Invitations to Science Inquiry*. Chino Hills, CA: Science Inquiry Enterprises, 1990.

Marzano, Robert J. *What Works in Schools*. Alexandria, VA: ASCD, 2003.

Marzano, Robert J. *Classroom Instruction That Works: Research-Based Strategies for Increasing Student Achievement*. Alexandria, VA: ASCD, 2004.

Merriam-Webster's Visual Dictionary. New York: Merriam-Webster, 2006.

Ruef, Kerry. *The Private Eye: (5X) Looking/Thinking by Analogy*. Seattle, WA: The Private Eye Project, 1992.

Schuman, Jo. *Art from Many Hands: Multicultural Art Projects*. Worcester, MA: Davis Publications, 2005.

Tomlinson, Carol Ann. *The Differentiated Classroom*. Alexandria, VA: ASCD, 1995.

Tomlinson, Carol Ann. *How to Differentiated Instruction in Mixed-Ability Classrooms*. Alexandria, VA: ASCD, 1999.

Tomlinson, Carol Ann et al. "Differentiated instruction in response to student readiness, interest, and learning profile in academically diverse classrooms: A reivew of literature." *Journal of the Education of the Gifted*, 27(2/3), 199-245: 2003.

Wiseman, Ann. *Making Things, Books 1 & 2*. Boston: Little, Brown & Co., 1997.

Wolfe, Patricia. *Brain Matters. Alexandria*, VA: ASCD, 2003.

Wormelli, R. *Fair Isn't Always Equal*. Westerville, OH: Stenhouse, 2006.

찾아보기

| 저자 소개 | 캠벨(Bruce Campbell)은 초등교육부터 대학교육에 이르기까지 모든 수준의 교육 경험을 갖고 있다. 현재 미국 워싱턴 주의 매리스빌교육청(Marysville School District) 관내에서 특수교육 학생들과 신임 교사들을 가르치고 있으며, 시애틀에 있는 안디옥대학교(Antioch University Seattle)의 교수로 재직 중이다. 캠벨은 미국 50개 주뿐만 아니라 전 세계적으로 수많은 교원연수에 초빙되어 강의를 하였으며, 주로 학생들의 학업능력 향상 방안과 학습동기유발에 대한 주제를 중심으로 연구·교육하고 있다. bcampbell@teacher.com

| 역자 소개 | **황윤한(黃潤漢)**

앨라배마대학교(University of Alabama) 대학원 졸업(Ph.D.)

현재 광주교육대학교 교수

광주광역시 북구 풍향동 1-1 광주교육대학교 교육학과

Tel: 062)520-4201, Fax: 062)520-4325

http://www.edu4ts.net 또는 http://gnue.ac.kr/~yhhwang

yhhgnue@hanmail.net 또는 yhhwang@gnue.ac.kr

조영임(曺永妊)

광주교육대학교 교육대학원 초등영어교육전공(석사)

University of Iowa(IIEP) 및 University of California, Riverside 어학연수

현재 광주광역시교육청 장학사

광주광역시 서구 화랑로 116 광주광역시교육청

Tel: 062)380-4297, Fax: 062)380-4620

http://www.ketis.or.kr

youngimci@hanmail.net

다중지능을 활용한 개별화수업

발행일 | 2012년 1월 5일 초판 발행

저 자 | Bruce Campbell

역 자 | 황윤한·조영임

발행인 | 홍진기

발행처 | 아카데미프레스

주 소 | 413-756 경기도 파주시 교하읍 문발리 507-9
          파주출판문화정보산업단지

전 화 | (02)2694-2563

팩 스 | (02)2694-2564

웹사이트 | www.academypress.co.kr

등록일 | 2003. 6. 18, 제313-2003-220호

ISBN | 978-89-91517-92-9 93370

값 15,000원